춤을 살다

솔향의 제주춤 60년

넋풀이춤

제주북부 예비검속 희생자 위령제에서
(2007년, 연합뉴스 사진)

제주4.3을 생각하는 오키나와 모임에서(2011년)

오키나와 아카지마 섬에서 열린
아리랑평화음악제에서(2011년)

제주4.3과 오키나와 전투 희생자 합동위령제에서(2011년)

노무현 대통령 위령제에서(2013년, 노무현재단 사진)

용연선상음악회에서(2007년, 현행복 사진)

우도동굴음악회에서
(2010년, 현행복 사진)

솔향춤

물허벅춤

해녀춤

신칼춤

신대춤

솔향춤

향로춤

향발춤

말명장구춤

솔향춤

할망다리춤

가락춤

신청궤

꽃춤

제주도립민속예술단 창단 단원들(1990년)

제주어멍무용단 스페인 공연을 마치고(2000년)

'PAC 2002' 공연을 마치고(2001년)

〈제주기 애랑〉 공연을 마치고(2007년)

'자랑스러운 제주인상'을 받고(2018년)

제18대 대선에서 패한 후 제주를 방문한 문재인 대통령 부부와
그를 지지했던 문화예술인들이 고내봉 기슭의 한 식당에서 만났다(2013년)

생불화(창단 공연)

생불화(20회)

산방덕이(5회)

만덕송가(3회)

설운아기의 배꼽덕(7회)

오돌또기(10회)

일이여, 놀이여, 춤이여(18회)

바다의 침묵, 탐라의 맥박(19회)

김희숙 제주굿춤

바람 부는 섬에 꽃향기 날리고

동화(同化)

탐라, 그 황홀한 바람

생불화

신들의 고향

바다의 침묵

판굿

조흥동류 부채산조

제주기 애랑

우리 가족

큰딸네 가족

소중한 치아 치아세상치과의원이 함께 합니다

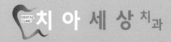 치 아 세 상 치과

제주시 월광로 140(2층) (노형동 휴캐슬오피스텔 203호)

예약문의 : 064) 749-2275

원장 : 김병석

    (경희대 치과대학 졸업, 경희분당차병원 소아청소년치과 전공의)

공원의 탄생

한림공원과 송봉규

…… 모래밭 돌빌레에 아름다운 공원을 만든 과정을 통해 하느님이 창조한 자연을 더 아름답게 관리하도록 한 소명을 실천하기 위한 한 사람의 꿈과 집념과 노동에 대한 신뢰를 확인할 수 있다. – 서문에서

…… 지적이며 사욕이 없고 정열적 지속력을 가진 지적기인(知的奇人)인 호사가가 많으면 많을수록 그 사회는 품위 있고, 즐거움을 누리게 할 수 있지 않겠는가. 송봉규 씨는 바로 그런 사람인데, …… – 司馬遼太郎, 『耽羅紀行』(朝日新聞社)

춤을 살다

술향의 제주춤 60년

김희숙 외 지음

황금알

차례

머리말

아버지는 살아생전에, 춤꾼으로 살아온 나의 이야기를 기록물로 남겨주고 싶다고 입버릇처럼 말하곤 했습니다. 그러나 아버지가 뜻하지 않게 병으로 돌아가신 뒤에는 그 생각을 아예 잊고 있었지요. 그런데 아버지가 그토록 마음에 두었던 소망을 다른 경로의 과정을 거쳐 결실을 보게 되었으니, 나는 아직도 이게 꿈인가 생시인가 싶고, 정말로 살을 꼬집어 이게 현실이라는 것을 깨닫고 나서는 가슴이 벅찬 나머지 어리둥절할 따름입니다.

돌아보면 다섯 살 때 아버지의 손에 이끌려 무대에 처음 오른 뒤 60년 세월을 춤과 더불어 살아왔습니다. 학생 시절에는 제주춤의 개척자인 송근우 선생님의 제자로서 춤을 배웠고, 30대 중반에 제주도립예술단 창단에 참여하여 상임 안무장으로 활동한 이후에는, 처음에는 내가 역할을 제대로 할 수 있을까, 나중에는 내가 소임을 제대로 하고 있는가 하는 회의와 염려로 속 편한 날이 없었습니다. 하지만 선생님이 개척한 제주춤의 맥을 잇는다는 자부심 내지는 사명감과 아버지한테 받은 내 이름을 부끄럽게 하지 말자는 다짐을 가슴에 새기면서 예술가로서의 본분에 충실하려고 노력했습니다.

그러나 세상은 호락호락한 게 아니었습니다. 가다 보면 평탄한 지름길만 있는 게 아니라 자갈길도 있고 가시밭길도 있는 게 인생이긴 하지만, 그 인생을 포기하고 싶은 적도 없지 않았습니다. 그러나 사필귀정의 진리를 믿었고, 그런 고난을 통해 자신을 더욱 단련시킬 수도 있었습니다.

어쨌거나 춤을 추면 행복했습니다. 춤꾼으로 타고났기 때문일까요? 그런 나를 깨달을 때마다 자신을 더욱 다그치고, 그러면서 위안을 얻고, 더욱더 삶의 의지와 희망을 건질 수 있었습니다. 모함의 수렁을 벗어난 것도, 암투병을 이겨낸 것도 그 덕분일 것입니다. 그러니 이 책은 그런 희망과 의지가 일궈낸 또 하나의 결실인 셈입니다.

이 책은 나의 춤꾼 인생 60년을 기념하여 펴내는 것이긴 하지만, 이 책에는 나의 이야기만이 아니라 제주춤 60년의 스토리도 함께 담았습니다. 그러니 이 책은 나의 책이 아니라, 많은 분들의 노고와 열정이 모이고 쌓여서 이루어진 작은 동산입니다.

귀한 원고를 써주신 여러 선생님은 물론이고, 여기서 이름을 다 열거할 수는 없지만, 내가 부끄러움과 두려움으로 머뭇거릴 때마다 성원과 격려로 힘을 보태주신 많은 분들께도 마음 깊은 곳에서 우러나오는 감사와 존경을 보냅니다.

2019년 만추

솔향 김희숙

제주춤의 작은 거목, 솔향

조 흥 동(대한민국예술원 부회장)

어렸을 적에 어른들이 제주도를 탐라도라 말씀하신 것을 자주 듣
곤 했습니다. 또한 둘째 매형은 6·25 때 경찰관으로 제주도에 근
무하셨기에 제주의 기후, 언어, 돼지 기르는 법 등의 이야기를 해주
셔서 많이 들었으며, 무엇보다 제주 민요가 재미있어 자주 부르게
되면서 제주에 대한 그리움을 갖게 된 것이 이렇게 큰 인연이 될 줄
은 몰랐습니다.

그 후 오랜 세월이 흘러 제주도립예술단 창단 공연에 함께하게
되어 솔향 김희숙 선생과 만나 오늘까지 해마다 제주를 오가며 변
함없는 우정을 쌓고, 마치 제주가 고향인 듯 늘 마음으로 그리워하
고는 합니다. 이렇게 애정이 가는 것은 솔향 선생의 깊고 넓은 마음
과 행실 때문인 듯싶습니다. 제주춤 하면 솔향 선생을 대표하듯 솔

향 선생은 타고난 춤꾼입니다. 선생의 공로와 춤에 대한 열정은 중앙에서도 높은 평가를 받고 있습니다. 또한 솔향 선생은 제주민속예술단과 제주도립예술단을 창단하여 제주의 무용을 세계 무대에 올려놓았고, 제주 무용의 위상을 한층 높인 것은 솔향 선생의 큰 업적으로 남을 것입니다.

솔향 선생을 한마디로 말하자면 작은 거인, 작은 거목이자 철의 여인이라고 말할 수 있을 것 같습니다. 제주가 낳은 춤꾼으로 한평생을 제주춤을 위해 헌신한 작은 여인의 피와 땀, 눈물과 열정에 늘 아낌없는 애정으로 박수를 보내며, 아무쪼록 건강하여 제주 무용예술과 함께 영원하게 그 빛을 발하기를 바라는 마음 간절합니다.

목련꽃나무 아래서
— 제주의 춤꾼 김희숙 씨에게

김 광 렬

목련꽃나무 아래서 목련꽃을 바라보니

목련꽃 닮은 그대 모습이 어른거립니다

목련꽃은 채 가시지 않은 꽃샘추위 속에서

시린 비바람을 이겨내며 피어나는 꽃

어쩌면 화사하게 보일지도 모르지만

저 깊이 아련한 슬픔이 배어 있는 꽃,

한때 암(癌)으로 죽을 고생 했다지요

살아질 것 같지 않다 했지요

그런데 어느 날 살아 돌아왔더군요

목숨이 긴 유리병 속에 갇혀 있는 동안

주위의 사랑하는 사람들과

그토록 아끼는 춤만을 떠올렸다는군요

소망이 간절하면 하늘이 감동하고

스스로가 스스로를 감화하는 법,

살아 춤을 추고 싶다는 내면의 울림이

자신을 어둠 속에서 건져냈다고

그대는 제주바다 물결의 높낮이로,

목련꽃잎의 떨림으로 하얗게 울었습니다

목련꽃나무 아래서 목련꽃을 바라보니

그대의 살아온 반생애가 얼비쳐서

내 눈에도 눈물그림자 어룽졌습니다

그대, 오래오래 건강하시고

목련꽃 같은 손짓발짓눈짓으로

떨며 몸부림치며 이 세상 이겨나가세요

춤
— 김희숙

김 수 열

설운 조상님 뼈 빌고 살 빌어
하늘땅 기운 빌어 이름 석 자 얻기 전
아마도 그는 꽃이었다
산에 들에 구절초거나 연보라색 들무꽃이었다

팔 들어 허공에 얹으면 노을이 내리고
송락 저편 하늘가에 눈이 머물면
어김없이 바람이 일었다
걸음걸음 궁편이 울고 한삼 끝에 채편이 울었다
울음 사위어 천지사방이 고요일 때 소리 없이
그는 울었다
구절초처럼 들무꽃처럼 속으로 울었다

이승의 연 다하고
문 열어 길 나서면 그는 아마 나비일 것이다

열두 문 그 길을 너울너울 날아갈 것이다
춤인 듯 춤이 아닌 듯

불러도 돌아보지 않을 것이다
아픔도 미련도 다 버리고
버렸나, 하는 그 마음도 버리고
오직 날갯짓에 기대어
하올하올 날아갈 것이다

잠시 머물던 이승에서 그랬던 것처럼
가도 가도 닿지 않는 그 먼 길
춤으로 날아갈 것이다

제1마당

솔향의 춤꾼 인생 60년

김희숙 구술 · 고미선 정리

프롤로그

거실 한쪽 벽면에 걸린 사진 하나가 유독 정겹다. 액자에 앉은 먼지를 닦아내며 사진 속의 나에게 나직이 말을 건넨다. 그래, 쉽지 않았지. 환갑하고도 다섯 해, 그 긴 삶의 고비마다 참고 견디며 나름 잘 살아왔어. 그렇게 다독이는 내 입가에 미소가 번지는 게 느껴진다.

사진 속에는 춤사위를 펼친 손짓이 머리 위로 올라가 있다. 비에 젖은 바닥이 미끄러웠지만 아랑곳하지 않고 펼친 춤동작. 몸에 밴 손짓인데도 왠지 느낌이 다르다. 조금은 어둡다. 그날 오후의 날씨가 흑백으로 잡힌 사진 그대로였다. 사진작가도 아닌 어느 아마추어가 찍어서 나에게 전해준 작품치고는 수준급이다. 그래서 저 사진을 더 아끼는 것인지도 모른다. 나의 꾸밈없는 표정만큼이나, 그 동작을 포착한 시선에도 꾸밈이 없어 보이기 때문이다. 말하자면 나의 춤, 거기에 서린 내 삶의 본체가 속살 그대로 드러나 있는 것

빗속의 투혼 (박인석 사진)

이다.

1994년 7월, 제주시 탑동 광장의 야외 공연장에서 펼쳐진 '한여름 밤의 해변축제'. 이번에 처음 열린 축제의 개막 행사였다. 나는 당시 한국무용협회 제주도지부장을 맡고 있어서, 회원들과 함께 이 행사에 참여한 것이다. 그러나 악천후 때문에 행사가 취소될 판이었다. 몰아치는 비바람이 태풍급이었다. 공연 시간이 다가오는데도 객석은 텅 비어 있었다.

사실 나의 출연은 원래 예정에 없던 순서였기에, 춤을 추기가 어려우면 그만두려고 마음먹었지만, 막상 닥치자 그럴 수는 없었다. 지부장으로서 본보기가 되어야 한다는 책임감도 있었지만, 그게 어쩌면 공연에 임하는 춤꾼의 운명이 아닐까 싶기도 하다.

어느 단원의 무용복을 빌려 입고 허리끈을 질끈 동여맸다. 하얀 치맛자락이 세찬 바람에 휘날려 허리를 몇 겹으로 휘감았다. 머리카락도 바람에 날려 얼굴을 가렸다. 기도하는 마음으로 춤을 추기 시작했다. 예정에 없었기에 준비된 음악도 없어, 그야말로 무반주로 나선 춤이었다. 비바람 몰아치는 무대로 나서자 회원들도 뒤따라 나섰고, 연이어 군무가 펼쳐졌다.

그런데 사람들이 하나둘 모여들기 시작했다. 길 건너 호텔의 투숙객들이었다. 객실에서 창밖을 내다보다 을씨년스러운 공연장 풍경을 발견하고는 우산을 들고 내려온 것이다. 그들은 무대 주위에 스크럼을 짠 것처럼 늘어서서 우산으로 바람을 막아주었다.

나의 춤사위도 빗속에서 자연(그토록 원망스러웠던)과 하나가 되어 자유분방하게 펼쳐졌다. 아마도 영혼으로 추는 춤의 한 자락이 아닐까 싶었다. 어느덧 객석에는 사람들이 가득했고, 그들의 환호와 뜨거운 박수갈채 속에 공연은 무사히 끝났다.

그날의 숨 가쁜 순간을 붙잡은 추억의 사진에는 나의 춤꾼 인생의 애환이 고스란히 담겨 있기도 하다. 그래서 나는 이 사진이 더욱 소중하게 느껴진다. 그래서일까, 내 집을 찾아오는 이들의 눈에도 근사해 보이는지, 감탄의 한마디쯤 빼놓지 않고 한다. 어느 작가가 찍어주었느냐고 묻기도 한다. 그럴 때마다 나는 그저 가만히 미소 짓는 것으로 대신한다.

이 사진은 그렇게 내가 좋아하는 사진이어서, 거실의 텔레비전 위쪽에 자리 잡고 있다. 그러니 텔레비전을 켤 때마다 내 시선을 우선 사로잡는다. 저 사진 속의 비에 젖은 무용복 차림을 보면서, 빗속의 투혼을 뿜어냈던 나를 기억한다. 사진을 가만히 보고 있노라면 사진 속의 내가 금세라도 액자 밖으로 걸어 나올 듯하다. 그리고 사진 속의 내가 나를 또 다른 세계로 데려간다.

인생은 흔히 여행에 비유된다. 나의 춤꾼 인생 60년이 바로 여행이었다. 나이를 먹는 줄도 모르고 육십 중반을 넘어서고 보니 춤꾼으로 살아온 이력도 환갑이 되었다. 아버지 손에 이끌려 시작한 춤이 인생의 오르막 내리막을 거치며 쉼 없이 내달려온 여행길이었다. 때로는 혼자서, 때로는 제자나 동료들과 더불어 무대에 오르면 그곳이 여행지였다. 하지만 귀찮다고 주저앉거나 건너뛰지도 않았다. 그렇게 한 걸음 한 걸음 묵묵히 견디며 춤 속에 파묻혀 살아왔다. 돌아보면 슬픔도 있었고 기쁨도 있었다. 아픔도 있었고 보람도 있었다. 누구의 인생인들 그 안에 희로애락이 없을까마는, 하필이면 춤을 붙들고 거기에 매달리기도 하고 거기에 기대기도 하면서 살아온 인생이니, 여느 인생과는 다른 구석도 없지 않을 터이다. 그런 인생의 굽이굽이에 묻어 있는 나의 자취를 더듬어보려고 한다.

춤의 길에 들어서다

입문

돌아보면, 지나온 저 길에 아득한 세월이 놓여 있다. 갖가지 희로애락으로 점철된 과거의 풍경들 속에서 그때의 장면은 놀랍게도 기억에 선명하다. 아버지의 손에 이끌려 무용학원 문턱을 넘은 것이 네 살 때였고, 그 이듬해인 1959년 가을에는 처음으로 무대에 섰다. 올해가 2019년이니, 그야말로 춤꾼 인생 60년을 걸어온 셈이다.

당시 제주에는 제대로 된 무용학원이나 체계적으로 춤을 가르치는 교육기관이 없었다. 안 그래도 삶이 고단하고 생활이 어렵던 시절, 거기에 문화나 예술이 척박한 제주섬에서 무용에 대한 관심이 있을 턱이 없었다. 그런 환경이었다.

목포에서 무용가인 김우숙(어머니의 기억에 따른 이름이다) 선생님이 요양차 제주에 와서 산지천 인근의 명승호텔에 묵고 있었는데, 그분이 제주에 머무는 동안 틈틈이 시간 맞춰 찾아가 호텔 내 연회장에서 춤을 배웠다. 춤을 배웠다기보다 춤 동작의 기초쯤 몸에 익히는 연습을 한 정도였다.

반년쯤 지나 선생님이 제주를 떠날 때가 되자, 그분에게 춤을 배운 학생들의 무용 발표회가 칠성통에 있는 중앙극장 무대에서 열렸다. 고별 공연인 셈이었다. 나도 부모님 손에 이끌려가서, 순서 하나를 맡아 무대에 올랐다. 동갑내기 친구와 함께 먼저 〈쌍둥이 춤〉을 추었는데, 작은 몸집에 귀여운 동작으로 춤사위를 펼쳐 박수갈채를 받았다. 다음 순서로 나 혼자 무대에 올라 〈애기와 인형〉 춤을 추게 되었는데, 어린 나이에 쑥스럽고 겁도 났는지, 춤을 추다가 앞을 바라보니 엄마와 눈길이 마주쳤다. 그 순간 멍해지면서 동작이 뒤엉켜 한 발짝도 나갈 수 없었다. 그만 주저앉아 엉엉 울어버렸던 기억이 새롭다.

어쨌거나 부모님은 그 후에도 육지에서 유명한 무용인이 제주에 왔다는 소문만 들으면 꼭 찾아가 춤을 배우게 했다. 이처럼 든든한 부모님의 후원이 나를 춤꾼으로 만든 것이다.

어린 시절, 제주시내 동양극장 맞은편 건물 2층에 '옥진남 무용학원'이 있었다. 그곳에서 삼북과 창고춤과 발레를 배웠는데, 창가에 세워진 철봉에 발을 올려놓으며 기본 동작을 연습했다. 무용을

옥진남 무용학원(1969년)

배우려면 기초 수업으로 발레를 해야 했다. 몸에 착 달라붙는 의상과 슈즈를 신으면, 그런 무용복 자체가 먼저 눈에 들어왔다. 그렇게 발레 연습 순서가 끝나면, 이번에는 정면과 좌우에 사각형 구조로 북을 세워놓고 북을 치면서 허리를 뒤로 제치는 연습을 했다. 몸의 유연성을 기르는 기초 연습이 되지 않으면 뒤로 꽈당 넘어지기도 숱하게 했다.

내가 어려서 배운 한국무용은 정통 북춤에서 시작되었는데, 북소리는 일정한 장단과 가락이 없어도 힘차고 멋있다. 관객의 박수 소리에 나는 점점 북춤에 빠져들었다.

학창 시절

나는 1955년 2월 23일, 제주시내 칠성통에서 태어났다. 2남 3녀 중 둘째였다. 아버지(김윤옥)는 조천읍 함덕리 출신이고, 어머니(고춘림)는 화북 출신이다. 아버지는 당시 『제주신보』 기자였다. 어머니는 어릴 때 부모님(그러니까 나의 외조부모)과 일본으로 건너가 중학교까지 마치고 해방 뒤에 귀환했다. 우체국에 근무하다가, 취재를 하러 간 아버지와 만나 연애 끝에 결혼했다고 한다.

내가 다섯 살 무렵 동문시장 안쪽의 남수각 동네로 이사를 했는데, 크게 잘 살지는 않았지만 당시 형편에서 보면 꽤 유복한 편이었다. 더구나 아버지는 예술가 기질을 타고난 분이어서 다루지 못하는 악기가 없었고, 집에는 기타와 풍금까지 있었다. 내가 무용에 빠져든 것도 그런 기질을 물려받았기 때문일 것이다.

1961년에 초등학교에 입학했다. 원래는 북교에 입학했는데, 학군 조정 때문에 2학기 때 동교로 전학했다. 여기서 문정희 선생님을 만난 게 나의 춤 인생에 커다란 전기가 되었다. 선생님은 제주측후소장의 따님이어서, 측후소 관사 거실에서 여러 장르의 춤을 가르쳤는데, 발레와 꼭두각시 춤, 인도 춤 등 어릴 적에는 접해보지 못했던 새로운 춤을 배우며 즐겁고 신도 났다.

동초등학교 6학년 때는 서울에서 열린 '산토끼 무용제'에 참가해서 우수상을 받았다. 당시는 무용 상이 흔하지 않은 때였다. 조회 시간에 혼자 운동장 교단 앞으로 나아가 교장 선생님이 목에 걸어주는 메달을 받을 때는 우쭐한 기분이 들기보다 솔직히 진땀이 났다.

1967년에 제주여자중학교에 들어갔다. 문정희 선생님이 제주여중 출신이어서, 그분의 권유에 힘입어 무용 특기 장학생으로 입학하게 된 것이다. 당시는 전형을 치르던 때여서, '산토끼 무용제'에서 받은 상장을 제출하고 실기 테스트를 거쳤다. 테스트는 〈소녀의 기도〉 음악에 맞춰 발레복 차림으로 했는데, 그때 사진을 보니 발레복 위에 스웨터를 걸친 모습이 좀 우습기도 하다. 2월 초였는데

산토끼 무용제에서 우수상을 받다

도 학교에는 난방시설이 없어서, 순서를 기다리는 동안 몹시 추웠던 기억이 새삼스럽다.

제주여자중학교는 지금의 칼호텔 자리에 있었다. 무용부는 대회가 가까워져 오면 한두 달은 오후와 야간에 주로 연습했다. 선배들과 합숙하면서 동고동락했다. 공연 날이 잡히면 각자 쌀과 이불을 들고 가서, 오전 수업도 빠지고 온종일 무용부 연습실에서 밤늦게까지 지냈다.

그때 무용을 담당했던 분이 송근우 선생님이었는데, 기본기가 되어 있지 않으면 얼마 지나지 않아 교실로 돌려보냈다. 무용 특기생외에도 입학 후에 지원자를 뽑아서 무용부원을 채웠는데, 선발 때가 되면 선생님은 심사에도 엄격했다. 체육 시간이 되면 무용부 학생들은 운동장 대신 연습실로 향했는데, 이런 특전(?)은 송근우 선생님이 체육 선생님과 상의한 결과였겠지만, 체육 시간에 운동을 하다가 몸을 다치기라도 하면 안 되니까 이를 염려해서 배려해준 것이었다.

무용부는 규율부에서 점검하는 모발 검사에도 제외했다. 무용 공연 때 어떤 역할을 맡게 될지 모르기 때문에 무용부원은 귀밑 3센티 단발머리의 제약에서 해방되어 갈래머리를 땋았다. 두 갈래로 땋은 머리 타래가 어깨 너머로 찰랑대는 모습은 학교 울타리를 넘어 제주시내 학생들에게도 인기가 높았다.

제주여중고 시절에 송근우 선생님을 만나면서 나의 춤 인생이 새롭게 본격적으로 시작된 셈이었다. 일본에서 현대 무용을 배운 선생님은 제주 무용계에는 보물 같은 존재였다. 선생님의 하얀 무용복 바지는 세탁소에서 꼿꼿하게 다린 듯 정갈하여 파리조차 미끄러질 듯하였다. 상하의를 하루도 흐트러짐 없이 차려입으셨던 모습은 춤추는 사람의 반듯한 몸가짐으로 내 마음에 인상 깊게 남아 있다.

동백제

해마다 가을이 되면 학교에서는 동백제가 열렸다. 이경수 교장 선생님의 열정과 지원 덕분에 문학·미술·무용 등 예술부 학생들이 폭넓게 두각을 나타냈다. 그때는 공연할 만한 큰 장소가 없었는데, 그 무렵 남문로터리 인근에 시민회관이 건립되면서 공연 같은 행사는 오직 이곳에서만 하였다.

학창 시절에 배운 춤은, 동작은 물론 순서까지 오랫동안 기억에 남아 있다. 그만큼 열심히 배우고 연습했기 때문일까? 몸의 근육과 신경이 알아서 기억해준 모양이다.

송근우 선생님은 외국 무용에 조예가 깊었기 때문에 전 학년을 대상으로 외국의 민속무용을 가르쳤다. 선생님은 특히 서양 각국의 포크댄스를 섭렵했기 때문에 그분 덕택에 우리 학생들도 여러 가지 스텝과 포크댄스를 배울 수 있었다. 선생님은 먼저 반별로 가르친 다음 학년 전체를 모아놓고 포크댄스를 추게 했는데, 〈베사메무초〉와 터키 민속음악인 〈이스탄불〉에 맞춰 원을 그리며 춤추던 기억은 제주여중고 출신이라면 누구나 가슴 깊이 새겨져 있을 것이다.

동백제 때는 전교생이 시민회관 마룻바닥에서 춤을 추었다. 스텝 동작이 익숙해지면 체인징 파트너 순서로 넘어가, 한쪽 줄은 좌로, 다른 쪽 줄은 우로 돌면서 춤을 추었는데, 전체가 파트너를 바꿔가며 즐길 수 있는 신나는 댄스파티였다. 이때 일반 학생들에게는 기본 동작만 가르치고 무용부원들이 시민회관 무대 위에 올라가 시범을 보이며 분위기를 돋웠다. 전교생이 참여하는 포크댄스는 한 해 동안 무용 수업을 받아온 학생들로서 신나는 시간이 되었다. 그러니 무용부원으로서 무대에 올라가 시범을 보이는 처지에서는 조그만 실수도 용납될 수 없었다. 그래도 투스텝, 쓰리스텝 발동작을 바꾸며 잘록한 허리까지 흔들다 보면 나비처럼 부드럽게 춤을 출 수 있었다. 흥겨운 기분에 지치지도 않았다. 가는 시간이 아쉬울 정도였다.

중학교 1학년 때 동백제에서 꽃 파는 소녀인 '꾸냥'을 독무로 추었다. 꽃바구니를 들고, 빨간 양단에 반짝이가 많이 수 놓인 중국 전통 의상을 입었다. 허벅지 아래로는 양쪽 다리가 보이게 트이며 몸에 달라붙는 전형적인 중국 복장이다. 작은 키에 몸매까지 가늘었기에 무대 조명을 받아 반짝이는 의상이며 동작이 동백제의 분위기를 한껏 돋웠다. 춤의 순서도 잊지 않고 있어서, 지금이라도 음악을 구할 수 있다면 다시 한 번 추고 싶다.

제주여중고 무용부에서는 대를 이으면서 선배가 후배를 가르쳤는데, '꾸냥' 역도 고진숙 선배로부터 전수를 받았다. 고진숙 선배는 경희대 무용과를 졸업한 뒤 신성여고에서 무용 교사로 몇 년 재직하다가 미국으로 건너갔다. 고진숙 선배가 제주에 남아 있었더라면 송근우 선생님 춤의 맥을 이어가는 데 나 혼자 힘들어하지 않았을 텐데, 하는 생각이 든다.

당시는 인도 춤을 비롯한 남방 춤이 유행할 때였다. 손가락으로 왼쪽 오른쪽을 오가며 어깨춤과 더불어 머리 장식과 분장이 남달라야 했다. 초등학교 시절에 문정희 선생님한테 인도 춤을 배웠었는데, 중학교에 오자 새로운 스페인 춤을 가르치니 신기했다.

스페인 춤은 고진숙·고두심(배우) 선배가 남녀 한 쌍을 이루어 처음으로 시범 공연을 펼쳤다. 인기가 있자 2대째는 고경인과 내가 짝을 이루었고, 3대째는 짝이 없자 나 혼자서 추었다. 고1 때였다. 떨릴 것 같았는데, 박수 소리가 더 컸다. 어제 춤을 춘 일처럼 지금도 기억이 생생하다.

무용은 관객을 상대로 하는 것인 만큼 박수 소리를 먹고 자라나 보다. 독무는 의상에서 더 화려하고 동작도 반경이 커야 했다. 의상은 360도 회전이 세 바퀴나 가능하도록 검정 레이스를 5단으로 하여 주름을 많이 달았다. 치마의 주름 사이사이에는 연두색에 까만 바이어스를 대었다. 팔에도 까만 레이스와 연두색으로 강조한 장식을 달았다.

속치마도 빨간 샤로 겹치마를 만들어 입었다. 굽이 높은 캉캉 구두는 스페인 춤을 추기 위해 처음으로 맞춰 신었는데, 처음엔 어색했지만 연습을 통해 익숙해지자 괜찮았다. 스페인 춤은 높은 구두를 신지 않으면 제멋이 나오지 않는다.

손가락 튕기는 소리를 크게 하려고 짝짝이를 손가락 가운데 끼었다. 특이한 짝짝이 소품을 구하여 하나하나에 신경을 썼다. 하이힐 구두와 짝짝이는 스페인 춤의 하이라이트였다. 탭댄스를 추면서 짝짝이 소리를 내고 발동작과 어우러지게 분장한 효과가 대단했다. 간혹 텔레비전에 캉캉 춤이나 스페인 춤이 나올 때면 하이힐과 짝짝이 소리에 홀려 중학생 시절의 나로 돌아가기도 한다.

그때 춤의 공연 기획은 물론, 연출과 안무도 송근우 선생님이 도맡아 하셨다. 지금도 그 시절을 회상하는 모교 선후배와 제주도민이 있는데, 우리는 이렇게 추억을 반추하며 살아가는가 보다.

음악 또한 심금을 울렸다. 그 훌륭한 음악들도 모두 송근우 선생님이 직접 선곡했는데, 지금 생각해도 존경스럽기만 하다. 위대한 작곡가인 베토벤이나 슈베르트의 음악도 그때 처음 알았다. 선생님은 음악을 자연스럽게 무용에 녹여, 두 장르의 하모니를 일궈냈다.

나중에 알고 보니 녹음 편집도 송근우 선생님 혼자서 다 하셨다. 그때 선생님이 작업하는 모습을 보고 배운 덕에, 훗날 나도 음악 편집을 직접 할 수 있었다. 릴 테이프의 녹음 방식에서 필요한 부분을 자르고 투명 테이프로 이어 붙였다. 음향 담당이 따로 없던 때라 이 작업도 직접 했다.

민요 춤을 출 때는 송정언 음악 선생님이 편곡한 제주민요 가락을 문계순 선배가 불렀는데, 무용부원들의 춤 동작에 맞추느라 리듬을 조정할 필요가 있었고, 그럴 때면 녹음을 두 번 세 번 다시 하는 경우도 있었다. 두 선생님의 요청에 따른 것이지만 문계순 선배는 군소리 하나 없이 수정 작업에 임했고, 그 덕분에 우리 무용부는 자체 녹음 제작한 음악으로 공연할 수 있었다. 지금 생각해도 고마운 일이다.

소품 제작은 양창보 미술 선생님이 맡아주셨는데, 영감탈을 만들 때 선생님이 학교에 밤늦게까지 남아 작업하던 모습이 아직도 기억에 생생하다.

강영호 선생님은 동백제 때마다 세트를 주로 담당했는데, 무용부원들이 허기지던 시절에 밥도 많이 사주셨다. 담당인 미술부보다

나는 장구를 치고 선생님은 북을 치고…

무용부를 더 아껴주는 모습이 눈에 보였다. 미술부원들의 불평도 장난기 섞인 소리로 들렸을지 모른다. 지금은 병상에 계셔서 안타깝다.

전국민속예술경연대회

무용 특기생으로 제주여중에 입학하자마자 합숙 훈련에 들어갔다. 학교 뒤편에 체육관과 무용부 연습실이 한 건물 안에 양쪽으로 나뉘어 있었는데, 오전에는 학과 수업을 받고 오후에는 무용부 연습실로 가서 체육부 학생들처럼 강도 높게 연습했다. 전국 대회에 참가하려니 몇 개월에 걸쳐 연습과 수정을 거듭하는 게 일과였다. 제주여중고 무용부 학생들을 중심으로 구성된 '제주민속예술단'은 1964년부터 전국민속예술경연대회에 제주도를 대표하여 참가해오고 있었는데, 내가 중학교에 입학한 1967년에는 새로 만든 대본으로 참가하게 되었고, 그러니 그 준비가 더욱 힘들 수밖에 없었다.

1967년의 제8회 전국민속예술경연대회에는 〈영감놀이〉로 참가했다. 제주에 구전되는 무속 설화를 대본과 안무로 나타낸 작품이다.

음력 2월이면 영등달이라 하여 영등신이 제주섬에 들어오고, 그

제8회 전국민속예술경연대회에 참가하다

신은 보름 동안 제주섬을 한 바퀴를 돌아보고 나간다. 그때 퇴송하는 의식이 건입포구의 본향당인 칠머리당에서 베풀어지는 영등굿이다. 풍어와 풍년을 기원하는 이 당굿(영등굿) 가운데 한 대목이 영감놀이인데, 이 놀이굿의 대본은 민속학자인 현용준 교수님이 썼고, 안무는 송근우 선생님이 맡아서 다듬었다.

거기에 수심방인 안사인 선생님이 굿춤을 지도해주었다. 그분은 입담 소리에 극적인 요소를 더하여 본풀이 세계를 넘나들었다. 혼자서 춤과 소리를 제공해준 셈이다. 우리는 안사인 선생님의 소리에 맞추어 춤을 추었다. 안사인 선생님은 그 후 칠머리당굿이 중요무형문화재로 지정되면서 제주도의 제1대 인간문화재가 되었는데, 당연한 귀결이었다.

줄거리는 이렇다. 한 처녀의 몸속에 영감신(도깨비)이 드는 바람에 처녀는 넋이 나가버린다. 침쟁이를 데려와 침을 놓아도 차도가 없자, 백방으로 수소문한 끝에 심방을 불러서 굿을 한 덕에 처녀는 병에서 낫게 된다.

〈영감놀이〉의 출연진으로는 무용인 김승일 선생과 심방 역할에 고진숙 선배, 침쟁이 역할에 고두심 선배, 처녀 역할에 양성옥(한예종 전통예술원 교수) 선배가 담당했다. 나는 중학교에 갓 입학한 막내로서 꽹과리를 치는 악사 2번을 맡았는데, 길트기로 먼저 꽹과리를 여럿이 어울려 한 판을 치고 난 뒤 한쪽에 앉아서 진행 과정을

1971년 전국경연대회 참가에 앞서 제주종합경기장에서 시연 공연을 펼치고 있다

지켜보았던 기억이 난다.

무용부 선배들로 이루어진 수심방의 계보도 화려하다. 처음에는 고진숙 선배가 의상과 분장과 용구까지 진짜 심방들보다 더 박진감 넘치게 공연하여 박수갈채를 받았고, 그 뒤를 이어 박영희·양신생·고경인·양성옥 그리고 나까지 이어졌다.

수심방이 정해지면 마을 처녀와 영감신과 침쟁이 역할은 아래로 내려오면서 분담했다. 그때 송근우 선생님은 전해 내려오는 '해녀춤'과 '물허벅춤'을 무용극으로 다듬어 〈영감놀이〉의 한 대목으로 등장시켰다.

제2회 아세아국제예술대회에서 최우수상 받다
(앞줄 왼쪽에서 세 번째가 나, 뒷줄 오른쪽에서 두 번째가 송근우 선생님)

나는 꽹과리를 배울 때도 재미가 있어서 열과 성을 다했다. 동그라미를 그리듯 돌리면서 치기도 하고, 나만의 개성 있는 두드림으로 어깨와 손동작을 흥에 맞추며 멋을 내기도 했다. 꽹과리를 치면 신이 났다. 경쾌한 쇳소리가 온몸을 전율케 했다. 어깨춤이 저절로 나왔다. 중학교 1학년 때부터 참가하기 시작한 전국경연대회에는 해마다 참가했고, 고등학교 2학년 때(1971년)에는 〈말뛰기놀이〉 중의 해녀춤으로 개인상을 받기도 했다. 이 개인상을 받은 감격이 그 후 나를 무용가로 만들고 오늘의 나를 있게 했는지도 모른다.

제주민속예술단은 1971년 5월 제2회 아세아국제예술대회에 참가하여 〈잠녀놀이〉와 〈영등굿놀이〉로 종합우수상인 최우수상을 받았고, 1972년 제3회 대회에는 삼다·삼무·삼보를 형상화한 〈한라의 여성〉으로 최우수상을 받아 제주 민속무용의 우수성을 널리 알렸다. 이렇듯 1965년부터 1975년까지 10년간은 제주여중고 무용부가 주축이 된 제주민속예술단 활동의 전성기였다.

잊지 못할 추억

1967년 10월 부산에서 열린 제8회 전국민속예술경연대회에 참가하기 위해 무용부원들은 피땀을 흘렸다. 결과는 종합최우수상, 즉 대통령상이었다.

이 대회에 참가하기 위해 우리는 우선 배를 타고 부산으로 갔다. 부산에 도착한 뒤에는 공연 장소에 따라 버스로 이동했다. 제주항에서 저녁에 떠나는 배(제주호)를 타면 다음 날 아침 부산항에 내렸는데, 16시간 동안 파도에 부대끼는 고초가 여간 힘든 게 아니었다. 넘실대는 파도에 실려 오르고 내리고를 반복할 적마다 여기저기서 비명이 요란했다. 뱃멀미에 익숙지 않은 단원들은 내내 고통에 시달렸다.

왝왝 소리와 함께 여기저기서 토사물을 쏟아내기도 하고 노란 쓸갯물까지 토해냈다. 대회 참가를 포기하고 온전하게 집으로 돌아갈 수만 있어도 좋겠다는 심정으로 기도를 올리기도 했다. 새벽이 되자, 파도가 거센 지역을 지나서인지 조금은 견딜 만했다. 몇몇 단원들은 시원한 바람이라도 쐬려고 갑판 위로 올라갔다.

멀리 섬들이 보이고, 잔잔해진 바다 너머로 부산항이 점차 다가왔다. 내리라는 소리를 듣자 나는 뱃멀미로 정신줄을 놓고 있다가 퍼뜩 정신이 들었다. 바다에 떨어질 것처럼 흔들거리는 몸을 일으켰다. 선착장으로 연결된 트랩을 밟으며 내려오자 땅에 발을 디뎠다는 안도감에 살 것 같았다.

단원들은 하루쯤 쉬면서 몸을 추스르고 정신을 가다듬었다. 다음날 대회에 출전하자 뱃멀미는 언제 그랬냐는 듯 잊어버리고 신명나게 춤을 추기 시작했다. 며칠 동안 이어진 경연에 이어 마지막 순위 발표에서 제주팀은 대상을 거머쥔 것이다. 이는 제주도민 모두에게 영예를 안겨준 일대 사건이 아닐 수 없었다. 제주로 돌아왔을 때 제주항 부두에는 성대한 환영식이 우리를 기다리고 있었다.

상을 받은 뒤 우리에게는 국제시장을 둘러보는 즐거움이 부상으로 주어졌다. 시장에 사람이 그리 많은 것도 처음 보았다. 제주에서는 알지 못했던 외제 물건도 처음 보았고, 종류가 그렇게 많은 것도

서부두에서 열린 환영식(꽃다발을 받고 계신 분이 송근우 선생님)

처음 알았다. 활기 넘치는 대도시의 생활 풍경이었다.

지금도 생각하면 웃음이 나는 사건이 있었다. 그게 언제였는지, 무슨 공연이었는지 기억이 가물가물한데, 선배 언니 몇 명이 영화 구경이나 가자고 하여 숙소를 잠시 이탈했다. 숙소인 여관 명함만 가지고 나왔다. 영화 한 편 감상하고 나왔더니, 영화관에 들어갈 때 와는 달리 기억이 나지를 않아, 어디로 가야 할지 길을 잃어버린 것이다.

동서남북도 구분하지 못한 채 길에서 헤맬 수밖에 없었다. 흩어지면 각자 미아가 될 게 뻔했다. 할 수 없이 택시를 타고 경찰서로 찾아갔다. 단복 차림의 여학생들이 떼로 몰려갔으니 경찰도 의아하다 못해 어이가 없었을 것이다.

우리의 사정을 들은 경찰관은 여관으로 전화해서 정인수 선생님과 통화했다. 그런 다음 우리를 여관으로 데려다주었는데, 여관 입구에는 정인수 선생님이 서 계셨다. 화가 잔뜩 나 있었다. 선생님은 여관 입구에서 벌을 세웠다. 다음날 공연이 있기 때문에 체벌을 가하지는 못하고 엎드려뻗쳐를 시켰다. 한참 동안 그렇게 벌을 주고는 풀어주었다.

정인수 선생님

정인수 선생님은 중학교에서 국어를 가르쳤는데, 전국경연대회에 참가할 작품의 대본을 써주기도 했다. 당시 선생님은 학생과장을 맡고 있어서, 전국경연대회에 참가할 때는 송근우 선생님과 동행하여 무용부 관리를 담당했다. 이렇게 두 분이 호흡을 맞추며 지도해주지 않았다면 우리 무용부는 전성기를 오래 누리지 못했을 것이다. 선생님은 그때 일을 기억하고 계실까?

즐거운 기억만 있는 게 아니다. 아픈 기억도 있다. 1967년에 〈영감놀이〉가 전국민속예술경연대회에서 대통령상을 받아 전국적으로 이슈가 되자, 제주민속예술단은 이듬해 일본 공연을 계획하여 그 준비에 들어갔다. 그런데 4·3사건 때 제주를 탈출한 일가친척이 조총련계에 속해 있다는 이유로 신원 조회에 걸려 출국할 수 없는 단원들이 하나둘 늘어나는 바람에 결국은 계획이 무산되고 말았다. 밤낮으로 공연 준비에 매달려온 단원들에게는 커다란 시련과 실망을 안겨주었고, 나로서는 제주 현대사에 이런 비극이 있었다는 사실을 새삼 깨닫는 계기가 되었다.

육영수 여사

제주종합운동장이 지금의 광양초등학교 근처에 있던 시절이다. 큰 규모의 행사를 하려면, 마땅한 장소가 따로 없기 때문에 흙먼지가 날려도 그곳을 이용할 수밖에 없었다.

　그때 행사차 제주에 내려온 박정희 대통령과 육영수 여사가 본부
석에 자리를 잡고 있었다. 우리 무용단은 〈영감놀이〉를 공연하게
되었다. 전국경연대회에서 대상을 받은 작품이기 때문에 대통령이
참관한 자리에서 시범 공연하도록 지정되어 있었다. 이윽고 순서가
되어, 나는 꽹과리를 치면서 경쾌한 발동작과 함께 앞으로 나갔다.
2번 악사인 나는 1번 악사인 양신생 선배 뒤를 이어 꽹과리를 치며
운동장을 한 바퀴 돌아야 했다. 본부석 앞을 지나가는데, 문득 올
려다본 영부인의 자태가 너무나 멋있었다. 광채가 났다. 나는 한 번
더 보려고 멈칫거리다가 단원들을 따라가지 못하고 놓쳐버렸다.

　그런 와중에도 나는 고개를 뒤로 돌려 또 보았다. 눈부시게 빛나
는 영부인의 모습에 시선이 꽂혀, 걸음이 천천히 느려지면서 선두
와 반 바퀴 정도 차이가 나게 뒤떨어졌다. 한마디로 얼이 빠져버린
것이다. 영부인 얼굴을 보느라 공연의 맥을 끊어 놓고 말았다. 앞에
서는 송근우 선생님의 얼굴이 붉으락푸르락하였다. 행사가 끝난 뒤
에 혼쭐나게 야단맞았다.

　세월이 흐른 뒤, 거실에서 텔레비전을 보다가 육영수 여사가 흉
탄을 맞고 사망했다는 소식을 들었다. 아이러니하게도 그때 공연했
던 운동장은 그 후 택지로 개발이 되었고, 아버지는 한 필지 분양을
받아서 집을 지었다. 그런 집에 살 때 그런 소식을 들었으니 더욱더

슬펐다. 지난날의 기억을 떠올리며 엄청나게 울었다. 눈물이 말라 더는 안 나올 정도로 오랫동안 울었다.

늦깎이 대학원생

고등학교를 졸업한 뒤 대학에 진학하기 위해 상경했지만, 현대무용을 하고 싶어 H대학을 고집하다가 몇 번 고배만 마셨다. 학창 시절의 수상 실적이 있었기 때문에 가능할 줄 알았는데, 키가 작다는 점이 결국은 나의 발목을 잡고 말았다.

몇 년 그렇게 좌절과 방황을 거듭하다가, 한국 교육무용계의 대부인 파조 이호순 선생님의 무용단에 들어가 활동하면서 선생님의 권유로 유니언대학에 진학했다. 캠퍼스도 없고 일반 커리큘럼도 없었지만, 내가 원하는 무용만큼은 제대로 가르치는 일종의 전문 교육기관이었다. 이곳에서 확실한 춤꾼이 되기 위한 본격적인 수련을 쌓았다. 학기마다 등록금도 꼬박꼬박 냈고, 1980년에는 어엿한 졸업장(학위증)도 받았다. 덕분에 대학원에도 진학할 수 있었다.

대학원은 40대 중반인 2001년에 중앙대학교 예술대학원에서 무용학 석사학위를 받았다. 1998년 초에 아버지가 대학원 입학원서를 직접 가져오셨다. 아버지가 다니던 직장(서울 노량진에 있었던 화광출판사)이 중앙대학교와 가까웠기 때문이다. 그 무렵 나는 '제주도립예술단' 상임 안무장을 맡고 있어서 바쁜 스케줄 때문에 시간을 내기가 쉽지 않은 처지였다. 그러나 아버지는 더 늦기 전에 학위를 따놓으라고 적극 권유했다. 내가 단순한 춤꾼이 아닌, '지·덕·체'를 두루 갖춘 예술인으로 남기를 바랐던 것이다.

대학원에 들어간 뒤에는 여러 선생님 문하에서 춤을 배우기 위해 꽤나 고생했다. 비행기로 오르내린 서울행이 수백 번도 넘었으리라. 더구나 나이 들고 머리가 굳은 상태에서 예술환경론 같은 이론적 공부를 하면서 어려움을 겪었지만, 새로운 경지를 접하는 신기한 즐거움도 적지 않았다. 안무자로서 후배들에게 좀 더 떳떳한 모습을 보이고 싶다는 책임감이 나를 견디게 했는지도 모른다. 공연 일정이 하도 겹치는 바람에 학점을 따는 일도 쉽지 않아, 몇 년이 흐르고 나서야 학위를 받을 수 있었다.

춤을 추는 일은 얼마든지 자신 있지만 리포트를 작성하는 일은 정말 힘들었다. 학위증을 바라볼 때마다 지난 시절 힘들고 처절하게 매달려온 내 삶을 되돌아보게 된다.

석사 논문은 「제주 칠머리당굿 12제차에 나타난 무용 연구」를 주제로 하였다.

칠머리당굿을 주제로 택한 이유는 이 당굿에 제주인의 삶과 의식 세계의 한 토대가 자리를 잡고 있기 때문이다. 더구나 칠머리당굿은 중요문화재로 지정되어 전승되고 있는바, 제주 민속무용의 근원

학위패

이 되고 있다고 볼 수 있다. 그래서 제주굿의 다양한 동작들이 어떻게 춤으로 정립되는지, 그 의미를 탐구하고 싶었다.

칠머리당굿에 대한 학술적 접근은, 문학이나 음악 분야에서는 성과가 상당하지만 무용의 측면에서 고찰한 경우는 상대적으로 빈약한 편이다. 더구나 나는 안무자로서 당굿의 무대화에 대해서도 관심이 많았다. 말하자면 칠머리당이라는 열린 공간에서 장시간에 걸쳐 굿판을 벌이는 것과, 그 당굿을 공간과 시간이 한정된 무대에 올

제민일보　2000년 11월 18일 토요일　문화

김희숙씨 '제주 굿'…1일 홀리데이인 크라운프라자 호텔

칠머리당굿 춤으로 형상화

제주인 삶 담긴 굿 다양한 동작으로 정립

한국무용의 근원은 굿에서 그 원형을 발견할 수 있다. 굿의 진행과정에 심방이 보여주는 다양한 몸짓들은 한국 춤의 독특한 선의 미를 만들어냈다.

육지부와 그것과는 또 다른 모습을 보여주는 제주의 굿. 그 중에서도 중요무형문화재로 지정된 칠머리당굿의 과정을 춤으로 형상화한 무대가 마련된다.

무용가 김희숙씨는 오는 18일 오후 6시 30분 홀리데이 인 크라운 프라자 호텔에서 '제주 굿 춤'을 선보인다.

30년 무용인생에서 첫 개인발표회 소재를 칠머리당굿으로 선택한 김희숙씨의 이번 공연은 제주인의 삶과 의식세계의 한 부분을 차지하고 있는 제주 굿의 다양한 동작들이 춤으로 정립된다는 의미를 담고 있다.

이번 무대는 칠머리당굿의 전 과정이 초감제, 향로춤, 퇴송, 무속의 군무등 네 부분이 나눠져 진행된다.

첫부분인 초감제는 본향돌, 요왕맞이까지를 압축, 해석하고 있다. 칠머리당굿에서는 초감제 8가지 본향돌 9가지 요왕맞이 10가지 과정이 작은 제차로 구성, 베포도업침, 날과

국 섬김, 연유닦음, 군문열림까지 동일한 제차로 진행된다.

천지개벽과 일월성신의 발생, 국토의 형성, 국가와 인물의 발생을 신에게 아뢰는 베포도업침과 굿하는 장소와 날짜를 설명하는 날과 국섬김, 당굿을 올리게 된 연유를 밝히는 연유닦음등의 과정이 솔리스트의 무용으로 형상화된다.

향로춤은 칠머리당굿에서 향로가 단순히 향을 피우는 역할을 넘어서 무당춤의 소도구로 활용되는 향로의 독특한 쓰임새를 춤으로 재해석하고 있다.

굿을 진행하고 모든 신을 돌려보내는 배방선과 도진이라는 제차를 무대화한 퇴송에 이어 칠머리당굿의 전과정을 압축한 무속의 군무로 모든 무대가 마무리된다.

중앙대 예술대학원 졸업작품전을 겸한 이번 무대에는 제주칠머리당굿 보존회 김윤수 회장이 직접 출연, 굿과 무용의 어우러짐을 선사한다. 또한 장효순 김영미 강진행씨등이 함께 출연해 무대를 빛낸다. 문의 = 742-6659.

(김동현 기자)

려 춤으로 공연하는 것은 전혀 다른 차원의 작업이기 때문이다.

학위를 받으려면 졸업 작품 발표가 필수였다. 주제를 정한 뒤에는 무대를 구하는 일도 중요했다. 협소한 곳에서는 빛도 나지 않으니 고민이 많았다. 작품 발표회는 '김희숙 제주굿춤'이라는 이름의 공연으로, 박희태 지도교수님을 모시고 2000년 11월 18일 홀리데이인크라운프라자호텔(지금의 제주썬호텔)에서 가졌다.

칠머리당굿은 원래 열두(12) 제차(祭次)로 구성되어 있다. 이를 무대 공연에 적합한 춤으로 편성하려면 굿에서 연희되는 춤사위를 단계별로 조정할 필요가 있었다.

그래서 초감제 · 향로춤 · 퇴송 · 무속의 군무 등 네 단계로 나누어 진행했다.

첫 단계의 초감제는 열두 제차 중 초감제를 시작으로 본향듦과 용왕맞이까지 압축하여, 베포도업침과 섬김과 연유 닦음 과정을 나의 독무로 펼쳐냈다.

칠머리당굿의 향로춤에서 향로는 육지부의 굿에서 보이는 역할, 즉 단순히 향을 피우는 그릇으로서의 역할을 넘는다. 그래서 나도 굿춤의 소도구로 활용되는 향로의 독특한 쓰임새를 춤으로 재해석해보았다.

퇴송은 열두 제차 중의 배방선과 도진을 무대화한 것이다. 배방선이란 지금까지 모시고 굿을 진행한 영등신을 배에 태워 본국으로 보내며 치송하는 제차이고, 도진은 모든 신을 돌려보내는 제차이다. 이 과정에 중간 제차로 행해지는 것이 '영감놀이'인데, 학창 시절 전국민속예술경연대회에 참가하여 대상을 받은 작품이 바로 여기서 유래했다.

네 번째이자 마지막 단계인 '무속의 군무'는 위의 세 단계를 통해 칠머리당굿이 행해지는 전체적인 과정을 압축한 것이다. 원래 보름

동안 행해졌던 칠머리당굿을 10분 정도의 춤으로 압축하여 무대화
하는 데에는 군무야말로 적절한 형식이 아닐 수 없었다. 당굿이 진
행되는 동안 등장했던 갖가지 역할과 소도구를 총동원하여, 그 춤
사위와 가락을 한 무대 위에 펼쳐내는 것이다. 게다가 당굿에서 연
희되는 춤사위는 단순할 수밖에 없는데, 이런 문제를 극복하고 하
나의 무용 작품으로 재해석하고 재구성하여 무대화하려면 굿춤에
예술성을 확보하는 것도 중요한 과제였다.

이렇듯 칠머리당굿은 절차가 복잡하고 다양해서 혼자서는 할 수
없고, 굿춤의 구성상 출연자도 여러 명이 필요했다. 제자 네 명이
동참해주었고, '칠머리당굿 보존회'의 김윤수 회장이 직접 출연하여
굿과 춤이 어우러진 마당을 멋지게 선보여 주었다. 이 기회에 다시
금 고마운 뜻을 전하고 싶다.

안무자의 길을 걷다

무용학원을 열다

1973년에 고등학교를 졸업하자 부푼 꿈을 안고 상경했지만, 객지 생활이 녹록지 않았다. 대학 진학은 번번이 좌절되고, 앞에서도 말했듯이 파조 무용단에 들어가 활동했지만 기대와는 달리 생활에 별로 보탬이 되지 않았다. 공연만큼은 자신이 있었지만 기회가 자주 주어지는 것도 아니어서 생활이 고달팠다. 그럼에도 무용에 대한 꿈과 열정은 식을 줄 몰라, 유니언대학에 적을 두고 춤을 배우는 한편, 여러 장르의 선생님들을 찾아다니며 실력 쌓기에 노력을 쏟았다. 그러나 결국은 생활의 어려움을 견디기 힘들어 1977년 봄에 제주로 내려오게 되었다.

어찌 보면 낙오자의 귀향인 꼴이었다. 그러나 아직은 20대 초반, 새파랗게 젊은 시절이었다. 주위에서 무용학원을 하면 어떠냐는 권유가 많았다. 나도 배운 게 춤뿐이니, 무용학원이라면 그럭저럭 할 수 있을 것 같았다. 춤에 대한 자부심이 어떤 오기 같은 것으로 나를 몰아댔는지도 모른다. 또한 내가 곁에 있기를 바랐던 부모님도 성원과 도움을 아끼지 않았다. 허가 과정도 쉽지 않은 때였지만, 과감히 도전장을 내밀었다. 학창 시절의 화려한(?) 경력과 자격 요건을 갖추어 서류를 제출했더니, 다행히 허가를 받을 수 있었다(이때 필요한 서류를 갖추어준 것도 아버지였다).

1977년 가을에 남문로터리 한쪽 건물에 학원을 열었다. '한국고전예술연구소'라는 거창한 이름이었는데, 육지에서 온 대금 · 아쟁 · 가야금 등의 국악인들과 합동으로 개원했기 때문이다. 그러나 이듬해에 국악인들이 어떤 사정으로 제주를 떠나는 바람에 학원을 나 혼자 떠맡게 되었고, 서문로터리 쪽으로 이전하면서 이름도 '김희숙무용학원'으로 바꾸고 장르도 전문화했다.

그때를 돌아보면 아련한 향수 같은 감정이 가슴 저 밑바닥에서 안개처럼 뭉클하게 피어오른다. 이렇게 잔잔하고 편안한 마음으로 돌아볼 수 있는 것도 세월의 힘일 것이다. 덜컥 떠맡은 학원을 세상물정도 어두운 내가, 그것도 스물 갓 넘은 여자, 거기에 젖먹이 딸아이까지 둔 엄마의 처지에서 꾸려간다는 게 결코 쉬운 일이 아니었다. 하룻강아지 범 무서운 줄 모른다더니, 어쩌면 내가 그런 꼴이 아니었을까.

지성이면 감천이라더니, 하늘이 알아준 덕일까, 학원은 생각보다 잘되었다. 그때 나는 학원을 운영하는 한편, 이런저런 행사에 공연을 의뢰를 받아 출연하기도 했는데, 행사장에서 내가 춤추는 모습을 본 이들이 아이들을 데려오거나 소개해주기도 했다. 육지에서 춤을 배우러 오기도 했고, 작품(춤사위)을 받아가는 무용인도 생겨났다.

그 무렵 무용에 대한 관심이 부쩍 높아진 덕분에 여러 학교에 강사로 초빙되어 가르치기도 했고, 나한테 배운 학생들이 서울에서 열린 경연대회에 참가하여 상을 타기도 했다. 또, 매년 학원생들의 무용 발표회를 가졌는데, 학부형들의 뜨거운 관심 속에 성황리에 열리곤 했다.

예술인들과 만나다

내가 운영하던 무용학원은 문화예술 공간이 부족하고 연습 장소가 여의치 않던 시절에 예술인들의 안식처 노릇을 하기도 했다. '정낭극단'에서 〈배비장전〉(강한근 연출)을 공연할 때 우리 무용단원이 애랑과 기녀로 출연했기 때문에 극단에 연습 공간을 제공해준 것이 인연의 시작이었다. 사정이 열악한 연극계에서는 그 후에도 여러 차례 우리 학원을 연습실로 이용했고, 나중엔 '극단 이어도'의 강용

정공철 심방

준 대표로부터 10주년 행사 때 감사패를 받기도 했다.

1984년에 무용학원이 중앙로로 이전한 뒤, 1980년대의 민주항쟁 시기에는 군사정권에 저항한 대학생들이 연극이나 마당극 연습을 구실로 학원에서 숙식하며 지내기도 했다. 김치찌개를 끓여주고 술잔을 나누며 자리를 함께한 적도 많았다. 특히 기억나는 사람은 '놀이패 한라산'을 이끌었던 정공철인데, 연극으로 시작하여 놀이굿까지 연출한 다재다능한 친구였다.

하루는 학원에서 담소를 나누고 있다가 학생들의 시위 소리가 들리자 북을 들고 뛰쳐나갔다. 그는 북을 잘 쳤다. 왜 갑자기 학원의 소품을 들고 뛰쳐나가나 했는데, 며칠 동안 소식이 없었다. 가지고 나간 북은 경찰진압대에 빼앗겼고, 내가 경찰에 가서 찾아왔다.

그때부터 정공철은 신기(神氣)가 있었는지, 내림굿을 받아 큰심방 서순실과 나란히 하는 무속인이 되었는데, '제주큰굿'을 계승할 인물로 주목을 받아 전수자 수련을 받던 중에 후두암에 걸려 안타깝게도 세상을 일찍 떠나고 말았다. 그가 살아 있었으면 제주굿을 정리하는 데 큰 역할을 했을 텐데, 아쉬움이 크다.

제주시립예술단

1980년 4월, 송근우 선생님이 갑자기 돌아가셨다. 무용을 배운 은사님 이상의 존재로서, 내가 정신적으로 그토록 의지하던 분이었는데, 하늘이 무너진 것 같았다.

1970년대 들어 선생님은 전국경연대회에 참가하기 위해 결성한 제주민속예술단 출신 무용수와 무속인을 활용하여, 제주관광호텔이나 칼호텔에 공연장을 마련하고 관광객을 상대로 민속예술을 공연하여 호응을 받았다. 그래서 이런 공연을 좀 더 본격화하려면 상설 공연장이 필요하다는 것을 알고 이를 위해 동분서주하던 중에 불의의 사고로 타계하신 것이다.

선생님이 기획한 공연에서 무용수가 모자랄 경우엔 선생님의 요청으로 내가 운영하는 학원의 제자를 출연시키기도 했다. 그렇게 간간이 연락을 주고받으며 인연을 이어오고 있었는데, 졸지에 돌아가신 것이다.

1985년, 북제주군청에 근무하던 김택근 선생이 학원으로 나를 찾아왔다. 김 선생은 연극계에서도 활동하고 있었는데, 송근우 선생님과의 관계도 각별해서 제주민속예술단의 연출을 돕기도 했고 무용계 발전을 위해 선생님과 의논을 나누기도 했다. 그런 분이 나에게 송근우 선생님의 맥을 이어주기를 당부하면서, 행정적인 지원을 해줄 테니 무용단을 창단해보라고 권유했다. 무용단을 만들려면 단원을 모집해야 하는데, 이게 쉽지 않은 일이었다. 그때는 무용학원도 별로 없었고, 공연에 나설 만큼 실력을 갖춘 무용인도 드물었다.

나는 김택근 선생에게 제주 무용계의 열악한 실정을 설명했다. 물론 김 선생도 다 알고 있었다. 문제는 무용 전공자를 얼마나 영입할 수 있느냐였다. 단기간의 훈련으로는 춤의 세계에 정신과 혼을 불어넣을 수 없기 때문이다.

1985년 9월에 '제주시립예술단'은 내가 운영하는 무용학원의 제자들을 중심으로 창단되었다. 그해 12월에 제주시민회관에서 창단 공연을 가졌는데, 세 차례의 공연에 1,200여 명의 관객이 몰려와 대성황을 이루었다.

이렇게 제도권 예술단체로서 첫 출범을 보게 되니 정말 감개가 무량했다. 무엇보다 연습실이 정해져 있다는 게 큰 혜택이었다. 김택근 선생은 제주시장을 설득하여 1986년에 한라체육관 실내수영장 3층에 제주시립예술단 전용 연습실을 마련해주었고, 제주시에서 주관하는 행사에 한몫 참여하도록 공연 의뢰도 해주었다.

정해진 봉급은 없었고, 행사가 있을 때마다 공연을 한 뒤에 출연료를 받았다. 일부는 단원들에게 나누어주고 나머지에서 또 쪼개어 소품 등을 만들면서 활동했다. 화려해 보이는 춤 세계의 이면에는 이렇게 근검절약하지 않으면 안 되는 고단한 현실이 있었다.

갈수록 단원을 보충하는 일이 절실해졌다. 실력 쌓기는 꾸준한 연습이 필요하고, 이는 세월이 흘러야 해결될 일이었다. 같은 손짓과 몸짓을 보더라도 뼛속부터 춤에 빠져든 전공자와 벼락치기로 배운 무용수는 한눈에 알아볼 수 있을 만큼 차이가 났다.

학창 시절 대본을 써주기도 했던 정인수 선생님께 구원을 요청하게 되었다. 그 무렵 선생님은 세화고등학교에 근무하고 있었는데, 나는 선생님께 시립예술단의 현실과 관련한 사정을 설명하고, 세화고에 무용반을 만들어주면 내가 무용을 가르치는 한편 예술단 공연 때는 그 학생들을 활용하겠다고 제의했다. 또한, 졸업한 뒤에는 원하는 사람은 단원으로 받아들이겠다는 약속도 했다. 선생님은 흔쾌히 응해주었고, 춤에 재능 있는 학생들을 추천해주었다. 여기에 힘입어 나는 학생들에게 기본기를 가르치고, 경연대회에 출전할 작품 연습에도 노력을 쏟아 상도 여러 번 탔다. 이때 춤을 배운 제자들이 지금도 왕성한 활동을 하고 있고, 일부는 제주도립무용단의 중추가 되었다.

그 후 선생님은 중문고등학교로 전근을 가셨다. 그 학교에서도 나는 무용을 가르치며 학생을 추천받았다. 졸업한 뒤에는 일정 기간 학원비도 받지 않고 가르쳤고 공연에도 참여시켰다. 선생님한테 추천을 받아 활동한 단원들은 장래를 책임져야 할 어머니 같은 마음으로 돌보았다. 그때 가르친 제자들 중 몇몇은 대학과 대학원에서 무용을 전공하여 제주와 서울에서 무용수로 활동하고 있으며, 몇몇은 '제주춤아카데미' 멤버로 있으면서 춤 인생을 나와 함께 걸어가고 있다.

제주도립예술단

'88 서울올림픽'을 한 해 앞둔 1987년이 되자 제주 민속예술에 대한 관심이 부쩍 높아졌다. 올림픽 행사의 일환으로 성화봉송축제가 열리는데, 그리스 올림피아에서 채화된 성화가 우리나라에 상륙할 때 첫 번째 기착지로 제주도가 선정된 것이다.

이에 대비하여 제주도를 대표하는 예술단의 필요성이 제기되자, 제주시립예술단을 흡수 통합한 '재단법인' 형태로 '제주도민속예술단'이 그해 7월에 창립되었고, 8월에는 제주로얄호텔 대연회장에서 창단 축하 공연이 열려 〈화관무〉〈영감놀이〉〈비바리춤〉 등이 선을 보였다.

1988년 8월에 마침내 제주문예회관이 개관되었다. 이때를 기다리며 미뤄온 정식 창단 공연도 11월에 문예회관 대극장에서 일반에 공개적으로 열렸고, 「탐라개벽」 등 세 작품이 선을 보였다. 최신 설비가 갖추어진 우리 전용 무대에서 공연을 가졌으니, 얼마나 가슴이 뛰었는지 모른다. 게다가 문예회관 안에 연습실도 주어졌으니, 우리 집에서 연습을 하고 우리 마당에서 공연을 하는 듯 뿌듯한 기분이었다.

그러나 다른 한편으로는 상임 안무장으로서 단원들을 이끌어가기도 벅찬데 그들의 생활까지 책임져야 할 위치여서 늘 어깨가 무거웠다. 제주시립예술단에서 제주도민속예술단으로 한 단계 승급하여 창단되니 4개 시군에서 예산이 나왔다. 단원들에게도 얼마간의 출연료가 나왔는데, 교통비 정도의 금액에다 그것도 비정기적으로 주어졌지만, 무용인은 공식적인 월급이 없어도 내가 좋아하는 일을 하는 것이니 괜찮다는 심정으로 받아들였다. 그래도 마음은 넉넉했다. 행정 부분은 계속 김택근 선생이 맡아서 도와주었다.

제주도민속예술단은 '제주도립민속예술단'으로 개편될 때까지 2년 8개월 동안, 많은 어려움 속에서도 정기 발표회 등 122회의 공연 실적을 올림으로써 제주의 향토 민속예술을 내외에 선양하는 데 크게 기여했다는 평가를 받았다.

이렇듯 성과와 결실이 풍성했음에도 내부적으로는 진통이 있었다. 제주도민속예술단은 원래 재단법인으로 설립되었는데, 나중에 민간에 위탁 경영할 계획이었으나 희망자가 없다 보니 재정적 어려움과 인적 자원의 빈곤 등 난관에 봉착하게 된 것이다.

이런 문제점들을 해결하고 예술단 활성화를 진작시킬 방안이 모

도립민속예술단 안무장

金 姬 淑 씨

함께하는 공감대 형성이 춤의 목적

지역무용 활동공간 확보 노력 절실

「무용에도 색깔이 있습니다. 전 우리 濟州의 독특한 색깔을 무용을 통해 표현 하고자 합니다.」

濟州도립민속예술단의 무용단안무장인 金姬淑씨(35).

오는 8월25일 문예회관개관 3주년 기념 창단 발표회때 무대에 올릴 작품 연습에 송글송글 맺힌 땀을 식히며 말문을 열었다.

"濟州의 독특한 색깔 무용통해 표출,,

지난 3월2일 창단된 濟州도립민속예술단은 濟州 고유의 민속예술을 발전, 계승시킬 선두주자의 역할을 담당할 젊은 예술인들의 알찬 자리매김을 시도하게 된다.

민요·무용·놀이분으로 구성된 민속예술단에서 金씨는 현재 무용부분의 안무장을 맡고 있다.

민속무용단의 상임단원은 15명인데 이 인원으로 예술단의 명맥을 제대로 꾸려가기가 힘겨우며 적어도 40정도는 확보되어야 한다는.

濟州여중·여고를 거쳐 日本 유니온대학에서 보건체육학을 전공한 金씨는 4살때부터 남씨로는 드물게 부모의 권유로 무용을 시작했다 한다. 그때만

해도 모든 예능분야가 마찬가지로 특히 무용계에 대한 편견과 경시풍조가 어린 가슴을 서럽게 한적도 있었다고.

濟州여중 재학시 濟州도립민속예술단원(가칭)으로 故송금숙선생의 사사를 받기도 했던 金씨는 71년 全州에서 열린 전국민속예술경연대회에 「해녀놀이」로 출전해 개인기능상을 수상하기

도 했는데 이때 金씨는 濟州민속에 대해 애착을 갖게 됐으며 어떤 무용장르를 막론하고 「濟州색깔 입히기」를 실현하리라는 결심을 하게 됐다고.

무용의 매력을 「흑 또는 백」이라고 확연하게 구분짓기를 거부하는 金씨는 자신에게 있어 무용은 「생활의 일부의 차원을 넘어서 생활자체가 되었기에 무용없는 생활이란 생각할 수 없을 정도」라며 「무용=자신」의 이론을 서슴없이 밝혔다.

「물론 무용가는 기능이 중요합니다. 하지만 아무리 몸에 기가 배어있다하더라도 이론을 겸비하지 않으면 절름발이 무용이라고. 이론적인 토대를 튼튼히 해야 합니다」 학문적 바탕

은 꼭 다져야 한다고 역설하는 金씨는 요즘 무용전공을 하기위해 육지부로 유학 가는 학생들의 학문적 탐구자세를 당부했다.

또한 유학생들이 우리 濟州의 얼을 등한시 하는 것에 대해 매우 안타까워 하는 그녀는 그들의 무용에 대한 자세가 그들 자신만의 시각, 자신만의 이기로 접철되지 않기를 바라기도 했다.

「춤은 하나의 유희가 아닙니다. 같이 생각하며 함께 어깨를 들썩이며 흥겨워 하는 공감대가 형성되야 하는 것이 진정한 춤의 세계입니다. 또한 무용인들이 시도하고 정진해야 할 과제이기도 하구요. 무용에 대한 철학 내지는 무용인의 역할을 「공감대 형성」이라고 金씨는 주장한다.

무용의 불모지였던 때인 67년 釜山에서 열린 전국민속경연대회에서 濟州민속예술단이 「영감놀이」로 대통령상을 수상했던 당시, 현 인간문화재로 선정된 안사인씨를 비롯 양성홍씨, 고진숙씨등 유수의 도출신 무용가들이 대거 참가 濟州 무속의 신비와 토속성을 맘껏 발휘했다.

金씨는 그때의 감회가 새로운 듯 잠시 말을 멈추었다가 그때 이후 민속예술단의 맥이 끊긴 이유를 다음과 같이 토로했다.

「학교내의 민속예술단에 대한 관의 부분적인 재정지원보다 관심과 인식이 부족했던 것이 단원들이 하나 둘씩 자리를 비우고 결국 뿔뿔이 흩어지고 지도자들도 사기를 잃고 와해된것이 아닌가 생각합니다.

88올림픽이후 濟州민속문화에 대한 관심이 새롭게 고조되어 濟州고유의 민요나 해녀춤(물허벅)등을 각지방과 세계에 알리는데 가교 역할을 하기도 했던 金씨는 濟州도내에 무용화과가 생겨 濟州의 삶과 철학을 가깝게 표

하며 지망생이나 지도자들에게 「활동할 수 있는 여건」을 만들어 주는 기회가 하루속히 실현되기를 희망한다는 바램을 나타냈다.

「저의 마지막 포부는 각박한 현실세계에서 마음의 고향을 찾고 향수를 느낄 수 있는 작품을 만드는 겁니다.

이제 얼마남지 않은 창단공연을 위해 적어도 6개월의 준비기간을 가져야 하는데 시간적 여유가 없어 적정이라는 金씨.

그의 자그마한 체구에서 濟州의 향이 담뿍 어린 작품이 구성되어짐이 마지막음을 그의 이마에 송글이 맺힌 땀방울을 통해 확인할 수 있었다.

（盧安鳳기자）

제주신문(1990. 6. 10)

색된 끝에, 1990년 3월에 이르러 제주도립민속예술단으로 개편되었다. 제주도문화진흥원장을 단장으로 하는 관립 예술단체로 거듭나게 된 것이다.

조직은 무용부 · 민요부 · 놀이부의 3개 부에 정원 40명의 단원으로 구성되었지만, 사실상 무용부의 역할이 대부분을 차지했다. 단원들도 이제는 어엿한 도립 예술단체에 소속되었다는 자긍심으로 더욱 활력을 가지게 되었다.

제주도립민속예술단 (1997년 9월에 '제주도립예술단'으로 확대 개편되었다)은 그야말로 제주도의 향토 민속예술을 대표하는 단체로서, 그 설립 취지와 위상에 걸맞은 역할과

「생불화」
무속신화를 창작무용으로 형상화

30일 문예회관 濟州도립민속예술단 창단공연

제주도립민속예술단의 창단 기념 공연무용극 「생불화」가 30일 하오 7시30분 문예회관 대극장에서 펼쳐진다.

문예회관 개관 2주년 기념공연으로 무대에 올려질 무용극 「생불화」는 무속신화로 전승되어오던 「불도맞이놀이」를 창작 무용극으로 형상화시킨 작품으로 生佛花로 상징되는 삼승할망

삼승할망과 저승할망의 갈등주제

발췌, 개발하고 있어 뜻깊은 무대가 될 것이다.

전3막13장으로 1시간가량 진행될 「생불화」는 제1막 「어느 시골 바닷가에」로 시작, 제2막, 제3막 등으로 이어진다.

제1막 「어느 시골 바닷가 마을」은 제주도의 전형적인 바닷가와 시골집을 무대로 제1장 「검은물 목무」가 펼쳐지며, 고

과 악의 꽃으로 상징되는 저승할망과의 갈등을 주제로 하여 生佛花의 승리로 끝을 맺는다는 내용을 담고 있다.

이 작품의 구성, 작곡에는 도내 작곡가 조영배교수(제주교대)가 맡고 안무에는 부둥가 金화숙씨, 연출에는 추창훈씨(부용회제주도지부장)가 맡는다.

또한 의직은 제주도의 전통노동요인 무속음악을 소재로 한 음악적화에서부터 민봉춤사위를

보재가 부인의 임태의 축복으로 제2장 「사랑의 20년」을 추며, 고보재가 부인의 출산과 고통을 제3장 「출잔의 목무」와 제4장 「무속의 군무」를 통해표현한다.

이어 제2막, 제5장의 「옥황하늘」, 어 이어 제3막 「옥황아리」는 제9장 「최꽃의 목무」로 시작, 제13장 「탄생의 대군부」에서 인간의 희로애락을 노래하는 광장으로 대합창 군무가 곡에 담길때 서서히 막이 내린다.

제주신문(1990. 8. 29)

활동을 펼치는 데 노력했다. 제주도립예술단은 1990년 8월에 문예회관 대극장에서 창단 공연(작품: 무용극 〈생불화〉)을 가진 이래, 해마다 4~5월과 12월에 두 차례의 정기 공연을 무대에 올렸는데, 이런 공연 일정은 한 해도 빼먹은 적이 없었다. 그만큼 단원들과 스태프들이 예술을 사랑하는 마음 하나로 똘똘 뭉쳐 땀을 흘린 결과였다.

정기 공연 외에도, 제주도가 개최하는 국제 행사의 특별 공연과 도내외에서 열리는 각종 행사의 초청 공연에 나서기도 했는데, 이런 공연이 매년 평균 10여 회, 어떤 해에는 20회를 넘기도 했다. 제주 관광을 홍보하기 위한 해외 공연 활동도 수시로 펼쳐, 제주도가 국제적인 관광지로 자리매김하는 데 한몫 거들기도 했다.

속을 모르는 사람들은, 그 시절 해외에 나가기만 하면 관광이나 즐기는 것으로 오해하고 부러워하기도 했지만, 해외 공연은 그야말로 강행군과 좌불안석의 연속이었다. 가고 오는 하늘길의 피로도 극심한데다, 공연에 따른 준비와 진행, 뒤풀이까지 끝나고 나면 기진맥진 쓰러질 지경이었고, 그 과정 곳곳에는 언제 어떤 사고가 일어나고 실수가 벌어질지 모르는 위험이 함정처럼 도사리고 있어서 한순간도 방심할 수 없는 '고난의 행군'이 아닐 수 없었다.

어떤 해프닝

여기서, 시쳇말로 '웃픈' 일화를 하나 소개하고 싶다.

1991년 4월에 노태우 대통령과 고르바초프 소련 대통령이 서귀포 신라호텔에서 정상회담을 가졌을 때의 일이다. 당시 한국과 소련은 적대관계에 있었다. 그런 상황에서 소련 대통령이 한국을 방문했으니 경비가 삼엄할 수밖에 없었다.

정상회담이 끝난 뒤 축하연을 위해 공연이 펼쳐질 예정이었다. 서울에서는 국립무용단과 리틀앤젤스 예술단이 전날 도착했다. 또한 회담 개최지를 대표하여 제주도립예술단이 공연팀으로 선정되었는데, 새벽 시간에 신라호텔에 도착하라는 지시를 받았다. 동이 트기 전이다. 단원들은, 저녁 공연으로 알고 있는데 왜 꼭두새벽에 나오라고 하느냐며 볼멘소리가 많았다. 주최 측에서는 제주시에서 산 넘어 신라호텔까지 장거리 운전을 해야 하는 교통편은 아랑곳하지 않았다. 국빈을 모시는 데 따른 보안이 이유였다. 우리로서는 감내해야 할 부분이었다.

서울팀에서 한국을 대표하는 부채춤과 장구춤을 선보이는 것은 당연했다. 우리 제주팀에서는 무엇을 보여줄까 고민을 거듭했다. 무속의 군무를 보여주기로 결정을 보고는 한 달 전부터 연습에 박차를 가했다. 향발·신대·요령·신칼을 소도구로 하여 아홉 명이

굿춤을 추도록 준비했다. 한국을 홍보하는 것도 중요하지만, 제주를 최대한 알릴 수 있는 절호의 기회라고 판단한 것이다.

나는 단원들과 공연 당일 이른 새벽에 정해진 시간에 도착했다. 검색대를 지나려 하자 소도구 중에서 신칼을 통과시켜주지 않는 것이었다. 신칼은 옛날부터 굿춤에 활용되어온 소도구였는데, 검색관은 무기로 간주하여 요지부동이었다.

무구도 없이 공연하라는 것은 굿춤을 추지 말라는 것이나 마찬가지라고 항변하면서, 여차하면 공연을 포기할 속셈까지 내비쳤다. 어디서 그런 배짱이 나왔는지 모르겠다. 다른 일이었다면 그냥 지시에 순순히 따랐을 것이다. 그러나 춤에 관한 일이라면 나도 모르게 고집스러워진다. 검색관은 신칼을 이리저리 살펴보고 의논을 주고받더니, 결국은 통과시켜주었다.

회담이 개최되기 12시간 전부터 공연팀은 따로 분리되었다. 화장실을 오갈 때도 일일이 검색대를 거쳐야 했다. 갇힌 공간에서 연습도 제대로 못한 채 좁은 자리에 웅크려 있어야 했다.

나중에 알았지만 국립무용단에서는 이런 행사를 많이 치러봤기 때문에 오해받을 소도구는 아예 챙기지 않는다는 것이다. 경험이 없는 우리는 그런 줄도 모르고 '칼'을 들고 갔으니, 지금 생각해도 쓴웃음 나오는 해프닝이 아닐 수 없다.

그날 행사가 끝나고 뒤풀이 자리에서 송범 선생님(한국무용가)은

혀를 내둘렀다. 김희숙이 그렇게 대찬 줄 몰랐다고. 쓸데없는 고집을 부린 것은 아니었다. 단원을 사랑하고 춤을 연출한 자로서 져야 할 책임감의 발로가 아니었나 싶다.

공연을 위해서라면 앞뒤 잴 겨를이 없었다. 열두 시간을 대기하고 있다가 저녁 만찬장에 들어가 공연한 기억은 30년 가까운 세월이 지났지만 아직도 생생하게 뇌리에 남아 있다.

향토문화학교와 문화사절단

제주도립예술단은 위에서 본 것처럼 공연 활동에만 치중한 게 아니었다. 1992년 8월에 '향토문화학교'가 첫 문을 열었는데, 2002년 10월에 제주도문화진흥원에서 발행한 『제주도립예술단사(1990~2001)』에는 다음과 같이 기록되어 있다.

"도민들에게 전통 예술에 대한 이해를 증진시키는 한편, 놀이 문화의 활성화를 통해 도민 정서 함양에 기여한다는 취지로 제주도립민속예술단 연습실에서 시작한 무료 강습에는 청소년·교사·주부 등 130여 명이 참가하여 대성황을 이루었다."

이 문화학교는 그 후 해마다 여름방학을 이용하여 2~3주 동안 열렸는데, 무용·사물놀이·탈춤·민요·장구 등 이수자가 200명을 넘었고, 1996년에는 민속무용에만 300명 넘는 수강생(신청자는

"전통가락으로 무더위 잊는다"

8월5일까지 향토문화학교 운영

◇한여름의 무더위를 풍물가락으로 이기고 있는 '향토문화학교 사물놀이반'.

한여름의 무더위를 풍물가락과 함께 이기고 있는 사람들이 있다.

27일 문예회관내 도립민속예술단 놀이부 연습실에서는 초중고교생을 비롯한 교사 직장인등 70여명의 '향토문화학교' 수강생들이 저마다 사물악기 하나씩을 들고 장단을 맞추느라 여념이 없다.

올해로 5회째를 맞고 있는 도문화진흥원의 '향토문화학교'는 점차 학생·일반인 수강생이 늘고 있는 추세인데 그 중에서도 '사물놀이반'의 인기는 다른 강좌에 뒤지지 않는다.

징을 제외한 꽹과리 북 장구 세 악기를 자기 취향에 맞게 선택해 '향토문화학교'기간동안 기능을 습득하게 되는데 이곳에서는 경기도, 충청도 북부, 강원도 서부에 전승되는 농악인 '웃다리 풍물'을 배우고 있는 중이다.

천천히 북을 쳐내리는 '접고'서부터 시작해 '쩍쩍이굿' '타령' '칠채' '벙어리 칠채'로 장단이 이어지며 한 가락을 이루

제주일보(1997. 7. 28)

800명 이상)이 몰리는 바람에 예술단 연습실 공간이 부족하여 시민회관으로 장소를 옮겨서 가르쳐야 했다. 강사로 나선 나나 시범을 보이는 단원들은 그야말로 즐거운 비명을 질렀다. 이렇게 일반 시민의 인기와 호응을 얻게 되자 1998년부터는 여름과 겨울 방학을 이용하여 두 차례 실시하게 되었다.

1990년대는 서울올림픽 이후 활발해진 해외여행이 관광 산업으로 이어지던 시기였다. 여기에 부응하여 제주도에서도 관광 진흥을 위한 홍보 차원에서 민속예술단 역할이 중요해졌다. 제주 민속춤이

송봉규 회장님

문화적 조명을 받게 된 것이다. 이에 따른 활동은 해외로까지 확산되어, 일본·인도네시아(발리)·중국 등지에서 1년에 서너 차례나 공연이 이루어졌다.

특히 기억나는 것은, 1991년 10월에 제주관광협회의 협조 요청으로 관광 홍보단에 합류하여 10일 동안 일본 4개 도시를 순회 공연했는데, 홍보단을 이끌고 간 송봉규 회장님(한림공원 창업자)은 송근우 선생님과 각별한 인연도 있어서 우리 예술단원들을 많이 보살펴 주셨다.

1992년 6월에는 인도네시아 발리에서 열리는 예술제에 초청을 받고 가서, 세계 곳곳에서 온 예술인과 관객들 앞에서 제주 민속춤을 선보였다. 이는 제주도와 발리주의 자매결연에 따른 협력 사업의 하나로, 우리 예술단과 발리 예술단이 격년으로 오가는 교류 공연의 시작이었다.

해외 공연을 하면 부채춤과 장구춤 정도만 한국춤으로 인식하던 시절이었다. 우리가 해녀춤과 물허벅춤과 굿춤을 엮어서 제주춤을 펼치면, 처음 보는 외국인들은 "한국의 어디 춤이냐?"며 호기심을 나타냈고, "대한민국 제주의 춤"이라고 설명하면 신비감으로 눈을 빛냈다.

더구나 다른 나라 민속춤은 대체로 그 형식과 진행이 단순하고 단조로운 편인데, 우리는 꽹과리에 북·장구·징·소고 따위를 갖추고 한바탕 길놀이를 하면서 흥을 돋우기 때문에 관객들은 절로 어깨춤을 들썩이며 함께 즐긴다.

이런 해외 공연 때는 민속과 무속에 대한 실감을 돋우기 위해 심방이 소지(燒紙)를 사르는 장면을 중심에 두었는데, 엄청난 환호와 박수갈채를 받았다. 지금은 화재의 위험 때문에 소지 장면을 없애는 바람에 실감이 덜하고 그 시절 그 맛을 나타내지 못하는 게 안타깝다.

지금 생각해보면, 소외되었던 제주 민속춤에 대한 인식을 일깨우고 발전의 기틀을 마련하는 데 작은 주춧돌이나마 놓았다는 자부심도 있다. 동시에, 조직이 개편될 때 새로운 흐름에 따라 창작물에만 관심을 두지 말고 제주의 전통과 설화에도 주안점을 맞췄으면 제주 민속춤도 여러 형태로 더욱 발전했을 터인데 하는 아쉬움도 없지 않다.

사필귀정

나는 2000년 5월에 10년여 세월의 상임 안무자 활동을 접고 제주도립예술단을 떠났다. 지난해부터 시작된 내분의 여파로 불상사가 벌어졌는데, 이를 둘러싸고 모함과 협잡, 오해와 곡해가 난무하면서 나를 옥죄었다. 올 것이 왔구나 싶었다. 단원이 늘어나다 보니 경력과 실력보다는 학력을 내세우며 뒤에서 암투도 적지 않았으리라. 더는 견딜 수가 없어서, 나를 버리듯 자리를 털고 사직서를 냈다.

구차한 변명도 하기 싫었고, 여기저기 찾아다니며 도움을 청하지도 않았다. 언젠가는 진실이 밝혀지리라 믿었기 때문이다. 과연 그랬다. 나를 비방하며 모함했던 장본인이 결국 경찰에 입건되었다. 앞서 언급한 『제주도립예술단사』에는 그 결말이 이렇게 나와 있다.

"2000년 8월 10일 제주, 제민, 한라일보에 '도립예술단 간부 인터넷 비방 글 관련 3개월 만에 20대 여단원 입건' '경찰, 현직 단원

입건' '인터넷에 비방 글 올려 명예 훼손한 20대女 입건' 등의 기사와 8월11일 제주일보에는 '전 간부 비방한 예술단원 신원 드러나'란 보도가 있었다."

　이렇게 나는 명예를 되찾을 수 있었다. 그렇지 않았다면 나는 고개를 들고 다닐 수도 없었을 것이다. 오늘날 내가 제주도립무용단 운영위원으로 위촉될 수 있었던 것도 그때의 일이 사필귀정으로 끝났기 때문이다.

예술단을 떠난 뒤

공식적인 무대는 떠났지만, 춤꾼에게 춤의 무대는 어디에나 열려 있었다.

지금까지 제주도립예술단 안무장이라는 직책으로 근무했다면, 이제부터는 춤꾼 김희숙으로 돌아와 나만의 춤 세계를 펼쳐 나가게 되었다. 말하자면 공식적인 유니폼을 벗고 비공식적인 캐주얼로 갈아입은 셈이다.

조직이라는 성에서 빠져나와 저잣거리로 나오자, 찬바람만 가득할 줄 알았던 그곳에는 두 개의 모임이 나를 기다리고 있었다. 하나는 '제주어멍무용단'이고 또 하나는 나의 제자들이었다.

제주어멍무용단

제주어멍무용단은 그 뿌리가 제법 길다. 도립예술단에 재직할 때 향토문화학교를 열어서 일반인을 상대로 무용을 가르친 이야기를 앞에서 했는데, 이 학교를 수료한 이들 가운데 춤에 뜻을 가지고 활동하고 싶은 사람들이 무용단을 결성한 것이 어멍무용단이다. 말하자면 아마추어 동호회 같은 것이다.

아마추어라는 말을 썼지만, 정말 부질없는 표현이다. 춤을 추는데 프로니 아마추어니 하는 구별이 무슨 의미가 있단 말인가. 더 중요한 것, 더 소중한 것은 춤에 대한 열정과 의지가 아닐까. 프로라는 이름으로 돈이나 밝히고 얄팍한 실력을 내세워 거들먹거리는 꼴을 우리는 얼마나 자주 목격하는가. 어멍무용단은 그야말로 춤에 대한 사랑과 열정으로 뭉친 이들의 모임이었다.

자녀들을 다 키우고 난 뒤 여가를 선용하기 위해 춤을 배운 이들이어서 나이도 많지만, 그렇기 때문에 오히려 더 인정도 많고 여유도 있었다. 자체 조직을 갖추고 있어서, 나는 그들의 요청에 따라 춤을 가르치고 안무하고 연출하는 식으로 협력하곤 했다.

1994년 4월에 창단했으며, 1996년 11월에 문예회관 대극장에서 창단 공연을 가진 이래 해마다 발표회를 열었는데, 1999년 12월 19일에는 제주관광민속타운 공연장에서 〈탐라의 초상—어머니의 이

름으로〉를 무대에 올려 도민 관객들과 하나가 되는 감동의 물결에
휩쓸려보았다. 이 공연이 성황을 이루는 바람에 유사한 아마추어
공연 단체가 생겨나기도 했다.

제주도립예술단을 나왔을 때 나는 한때 세상과 담을 쌓고 살
았다. 춤도 다시는 추고 싶지 않았다. 그런 시절에 어멍무용단은 나

화관무 등 전통 춤사위 무대
제주어멍무용단 ··· 19일 제주민속관광타운

제주어멍무용단(단장 강인생
·사진)은 19일 오후 7시 제주
민속관광타운에서 제2회 정기
공연 무대를 꾸민다.
　'탐라의 초상-어머니의 이름
으로'라는 주제로 올려지는 이
공연은 오늘날 제주를 일군 어
머니들의 힘과 열정을 담은 귀
한 무대다. 화관무, 태평무, 장

고춤, 살풀이 등 한국의 전통
춤사위를 하늘하늘 재현한다.
　또 제주 여인들의 강인한 삶
을 춤사위로 엮은 '탐라의 향
기', 태극 부채의 아름다움을
표현한 '태극무' 등을 선사한
다. 안무 지도 김희숙씨.
〈김오순 기자〉
ohsoon@chejunews.co.kr

제주일보(1999. 12. 18)

에게 손길을 내밀어주었다. 오해와 질시의 눈길이 가득한 세상에서 그들은 나의 진실을 믿어주었던 것이다. 그들의 신뢰와 손길이 없었다면 나는 어딘가에 숨어서 꼭꼭 박혀버렸을지도 모른다.

요즘은 내가 나이도 들고 활동을 접은 탓에 간간이 소식이나 나누는 처지지만, 늘 고마운 마음을 가지고 있다.

제주춤아카데미

또 하나 내가 애정을 쏟은 것은 내 이름을 앞세운 '김희숙무용단'이었다. 이 무용단은 내가 학교와 학원에서 가르친 제자들을 중심으로 만들어졌는데. 처음부터 이런 이름으로 불렸던 것은 아니다. 처음엔 도립예술단 구성 때 소외된 제자들의 친목 모임으로 시작되었다. 그 후 나를 따라 예술단에 들어갔다가 계약 기간이 끝나고 그만둔 제자들이 합류하면서 인원도 늘어났다.

춤을 사랑하고 춤밖에는 할 줄 아는 게 없는 이들에게 춤과의 인연의 끈을 놓지 않도록 하려면 구심점이랄까 버팀목 같은 게 필요했다. 말하자면 춤을 출 기회가 필요했고 춤을 펼칠 수 있는 마당이 필요했던 것이다. 이들에게 내가 운영하는 학원을 연습장으로 내주고, 한 달에 한 번꼴로 만나 담소를 나누고 춤을 추며 몸을 풀었다. 공연 의뢰가 들어오면 거기에 응해서 연습하고 출연해서 자리를 빛내기도 했다.

그러나 이 무용단은 비공식 단체이기 때문에 관에서 주관하는 행사에서 지원을 받을 수 없었다. 이런 문제를 해결하기 위한 방편으로 법인 등록할 필요가 생긴 것이다. 그래서 '제주춤아카데미'라는 이름으로 재출발하여 오늘날까지 활동을 펼쳐오고 있는데, 2002년 5월 30일 제주시 탑동 해변공연장에서 월드컵 전야제에 참여한 것을 비롯하여, 현행복 선생(성악가, 현 제주문화예술진흥원장)이 이끄는 우도동굴음악회, 방선문음악회 등에도 참여했다.

또한 제주춤아카데미는 나의 제자들 중심의 무용단체여서, 송근우 선생님으로부터 이어받은 제주춤의 전통을 잇는 작업에도 노력을 기울이고 있다. '김희숙의 제주춤 일구기 작업'도 그 성과라고 할 수 있는데, 2012년 5월 30일 첫 번째 발표회를 가진 이래 지금까지 세 차례의 발표회 공연을 주최하여 성황을 이루기도 했다.

솔향회

제주춤아카데미가 공연 활동에 치중하게 되자, 제자들 가운데 일부가 나를 찾아와서 말했다. 이제는 제주춤의 맥을 잇는 일이 필요한 시점이라는 얘기였다. 여기서 제주춤은 '물허벅춤'과 '해녀춤'과 '굿춤'을 말하는데, 이런 춤들은 손짓 발짓의 동작만이 아니라 혼이 깃들어야 그 본질을 표출할 수 있다는 게 내 소신이다. 그 혼이란 제주 여성과 제주 해녀와 제주 무속, 뭉뚱그려 말하면 제주 민중의 삶에 대한 이해와 공감을 말한다. 그것이 바탕에 깔리지 않으면 춤은 그저 공허한 몸짓에 지나지 않는다.

제자들의 제의를 듣고 나는 고마운 마음이 들었다. 겉으로는 드러내지 않았지만, 사실은 나도 제주춤의 맥이 끊기는 게 아닐까 하는 걱정이 없지 않았던 것이다. 춤만 추다 보니 세월 가는 줄도 모르고 살아왔지만, 이제는 나이도 들었고, 오랜 투병 때문에 몸도 고달픈 상태였다. 좀 쉬고도 싶었다.

이렇게 해서 '솔향회(率向會)'가 탄생하게 되었다. 이 모임은 구성원(제주도 내외에 걸쳐 있다)이 다양해서, 연구자도 있고 교수와 교사도 있고 현역 무용가도 있다. 이들은 워크숍과 발표회도 가지면서 활발한 활동을 하고 있는데, 이들의 활동에 힘입어 모임도 성장하고 있다. 솔향회가 있어서 제주춤의 미래도 밝다는 믿음에 나는 행복하다.

여기서 덧붙일 것은, '솔향'은 동양학에 조예가 깊은 어느 지인이 나에게 호(號)로 지어준 이름이다. '한 곳을 향해 더불어 가라'는 권고의 뜻이 담겼다고 한다. 호를 갖는 게 쑥스러워서 그냥 마음에만 담아 두고 있었는데, 그것을 이제야 꺼내어 모임의 이름에 사용했다. 운명적이라는 생각이 든다. 제자들은 '제주춤'도 특정화해서

'솔향춤'이라 부르자고 한다. 쑥스러운 마음이 없지 않지만, 고마운 일이다.

예담길

최근에 와서 친교를 나누는 모임이 있다. '예담길'이 그것인데, '예술을 이야기하며 길을 걷는다'는 취지의 모임으로, 김병택(시인 · 평론가), 장일홍(극작가 · 소설가), 문무병(시인 · 민속학자), 김석희(소설가 · 번역가), 김대용(번역가 · 시인), 나기철(시인), 김광렬(시인), 양원홍(시인) 등이 참여하고 있다. 이분들은 모두 제주에서 태어나 자랐고 고향의 자연과 문화를 호흡하면서 각자 나름대로 예술의 길을 걸어왔다. 매월 첫째 주 화요일에 만나서 제주의 곳곳을 두어 시간 걸으며 예술을 이야기하고, 철 따라 좋은 맛집을 찾아가 술잔도 나누며 대화의 마당을 펼친다.

2014년 10월에 김병택 교수님의 제안에 다른 분들이 호응하면서 결성되었는데, 현직에서 은퇴한 뒤에도 얼마든지 사회 활동과 작품 활동을 할 수 있다는 것을 젊은 후배들에게 보여주자는 뜻으로 의기투합했다고 한다. 문학인들의 모임인 만큼 나는 그때 멤버가 아니었다. 그 후 그분들의 북콘서트 같은 행사에 제주춤아카데미 단원들과 찬조로 출연하며 교류를 텄는데, 그분들 대부분이 개인적으로 가깝거나 잘 아는 선배들(동생 친구인 양원홍은 말고)이어서 나를 예쁘게 봐준 덕에 2018년부터 정식 회원으로 승격(?)하게 되었다.

이분들을 만나면서, 예술이란 정말 나이와 상관없이 얼마든지 펼칠 수 있다는 것을 눈으로 보고 마음으로 공감하며 배우는 바가

2018년 예담길 북콘서트 팸플릿

많다. 나이가 들면 사그라지다 가는 게 인생이긴 하지만, 그래도 늘 그막에 와서 노년의 세월을 더불어 활기차게 지낼 수 있는 분들을 만난 것은 크나큰 행운이 아닐 수 없다.

이 책을 펴내게 된 데에도 예담길 선배님들의 제안과 부추김과 도움이 컸다. 이런 책을 내가 감히 낼 수 있겠나 싶어 머뭇거릴 때마다 어르고 달래며 용기를 주었고, 누구는 직접 원고를 써주었고, 누구는 헌시를 지어주었고, 또 누구는 편집을 맡아 진행 과정을 두루 살펴주었다. 그러니 솔직히 말해서 이 책은 그분들 덕에 나오는 것이라고 해도 틀린 말이 아니다. 그 은덕을 어떻게 갚을 수 있을까? 건강하게 오래오래 살면서 천천히 갚아 나갈 작정이다.

암투병기

대장암에 걸리다

2011년, 나에게 뜻하지 않은 질병이 찾아왔다. 감기를 1년 이상 앓았다. 이런저런 사정 때문에 마음고생이 극심하던 시기였다. 그래서 세상과도 담을 쌓고 은둔하듯 지내고 있었다. 그때 작은딸은 호주에서 유학 중이었고, 대학을 졸업한 뒤 청주에서 무용 강사를 하고 있던 큰딸이 2월에 제주에 내려와서 종합검진을 받아보자고 성화를 부렸다.

3월 말에 일본 오키나와의 아카지마 섬에서 열릴 종군위안부 추모 공연을 앞두고 병원에 갔다. 대장에 용종이 있다는 진단이 나왔으나, 수술을 받게 되면 공연에 차질이 생기겠다는 생각만 하고 수술을 미뤘다. 그래서 일본 공연을 마치고 돌아온 뒤 5월에야 용종 제거 수술을 받았다. 동시에 조직 검사를 한 결과 대장암이라는 판정이 나왔다. 처음엔 1기라 해서 6월에 수술하기로 했다.

제주대학병원에서 복강경 수술을 받고 퇴원했다. 수술 후 검진이 예약되어 있어서 다시 병원에 갔더니 림프샘으로 전이되었다는 것이다. 그 말을 듣고는 아무 생각도 나지 않고 머릿속이 텅 비어버렸다. 누구와 만나기도 싫고 말하기도 싫었다. 다가올 죽음을 운명으로 받아들이며 고달팠던 인생을 반추하는 게 고작 내가 할 수 있는 일이었다. 남은 일은 하늘이 알아서 처리해주리라 여겼다.

그때의 생활은 여러 가지로 힘들고 어려웠다. 병원에서 처방해주는 것 외에는 아무것도 못 했다. 항암에 좋다는 그 어떤 치료법도 나에게는 호사일 뿐이었다. 치료비도 의료보험에만 의존했다. 사회생활이 서툴고 세상 물정에 어두운 탓에 이제까지 이루어놓은 재산도 모두 잃어버린 상태였다.

가족이 없었다면 나는 아마 이 세상에 살아남아 있지 못했을 것이다. 서울에 사는 두 동생과 제주의 여동생이 나를 돌봐주었다. 특히 여동생 영숙이는 무슨 일이 있을 때마다 먼저 달려와 위로해주고, 언니 동생의 역할이 바뀐 것처럼 나를 돌봐주었다.

그해 가을에는 서울로 가서 삼성병원에서 소장과 대장 일부와 림프절을 잘라내는 대수술을 받는데, 수술 후 사나흘 의식이 몽롱한 상태로 사경을 헤맬 적에 영숙이가 들릴 듯 말 듯한 소리로 건넨 말을 나는 지금도 기억하고 있다.

"언니는 고생만 했잖아. 앞으로 좋은 날도 많이 남았는데, 얼른 일어나야지."

이런 격려에 힘입어 닷새 만에 간신히 발걸음을 뗄 수 있었다. 그래도 몸은 최악의 상태여서, 힘도 없고 호흡도 순조롭지 않아 영양 튜브를 코에 끼울 수가 없었다. 침을 삼키기가 어려워, 튜브로 들어가는 고농축 영양식조차 들어갈 수 없었다. 이런 지경까지 내몰렸던 내가 목숨을 건진 것은 순전히 가족들의 보살핌 덕분이었다. 그들의 간절한 소망과 성원이 없었다면 나는 그만 도중에 주저앉고 말았을 것이다.

제주에 내려온 뒤 얼마 지나지 않아서였다. 웬일인지 숨도 쉬지 못하게 아파서 응급실로 갔다. 진찰해보니 수술한 부위에 구멍이 나 있었다. 서울로 급히 올라가 중환자실로 갔다. 콧줄을 달고 생식기에도 소변줄을 꽂고 지냈다. 몸에 호스가 주렁주렁 달린 채로 한 달을 금식 상태로 지냈다. 체중이 하루에 1kg씩 빠졌다.

그때의 심정은 수술할 엄두보다 죽을 일만 남았다는 생각뿐이었다. 오만 가지 생각이 교차했다. 제주에서는 올라간 사람이 소식이 없자 죽었다는 소문까지 나돌았다.

내장 상태를 확인하기 위해 개복 수술을 해보자는 얘기가 나왔지만, 너무 힘든 상태로 체중까지 빠져가자 수술을 거부했다. 수술실에 들어가면 다시는 일어날 수 있을지 자신이 없었다. 춤을 출 수 없을지도 모른다는 불길한 생각에 너무 가슴이 아팠다.

경기도 분당에 사는 남동생 영대가 날마다 아침저녁으로 찾아와 용기를 주었다. 나에게 희망이라곤 한 가닥도 없을 때였는데, 출근 전에 먼 거리를 마다치 않고 일원동 병원까지 찾아왔다. 내가 살아 있다는 걸 확인해야 마음이 놓인다고 했다. 퇴근하면 또 곧바로 병원으로 와서 몇 시간을 얘기해주며 간병하다가 가곤 했다. 가족이란 게 무엇인지, 형제간의 우애가 어떤 것인지, 이때만큼 절실하게 느끼고 감동한 적이 없다.

삼성병원에 입원한 지 한 달쯤 지났을 때였다. 몸에 이상을 느껴 화장실에 갔다가 바닥에 쓰러졌다. 누런 물이 호스를 통해 팩이 넘쳐나게 쏟아졌다. 복강 내에 고여 있던 분비물까지 한꺼번에 터진 것인데, 이게 오히려 다행인 셈이었다. 적정 체중이 되지 않아 수술을 감당하지 못할 것 같아서 경과를 보던 중이었다. 그러나 퇴원 후 삼사 개월이 되자 체중이 38kg까지 떨어졌다. 최악의 상태였다.

그 후 항암 치료를 위해 서울과 제주를 오르내리며 2년을 보냈다. 가족 외에는 아무도 만나지 않았다. 그런데 치료 과정에 이상한 일이 벌어졌다. 백혈구 중에 호중구 수치가 별로 떨어지지 않은 것이다. 종양내과에서는 호중구 수치가 1500 미만이면 항암 주사도 놓아주지 않는다. 면역력을 높여서 오라고 돌려보내기도 한다. 그런데 나는 체중이 빠지고 체력이 떨어져서 겁을 먹었는데, 평소 춤을 추면서 근육을 단련한 덕인지, 다행히도 면역력이 유지되고 있었던 것이다.

3주에 한 번씩 총 8회의 항암 치료를 받는 동안, 경비를 줄이려고 혼자서 서울을 오르내렸다. 아침 비행기로 올라가서 저녁 비행기로 내려와야 했다. 그 어려운 시기에 딸아이는 동분서주 일하면서 병원비를 마련해주었다. 이래서 피는 물보다 진하다고 하는 것인가.

위로 공연

1년 6개월의 치료 기간이 끝나자 제자들이 소식을 듣고 몰려왔다. 이 자리에서 제자들은 내 건강을 안타까워하면서 공연을 제의했다. 내가 더는 춤을 출 수 없을지 모르니, 마지막 기회라 생각하고 나와 함께 춤추는 자리를 갖고 싶다는 것이었다. 그래서 〈동화(同化)〉 공연을 마련하게 되었는데, 제자들이 나를 위해 꾸려주는 위로 공연인 셈이었다. 고마워서 눈물이 났다.

나를 진정으로 위해주는 제자들, 나의 춤을 사랑하는 제자들, 내 삶이 다하는 날까지 부르면 달려올 수 있는 제자들, 내 곁을 지켜주는 그들이 있기에 나는 지금도 춤을 떠나지 않았다. 그래서 나는 그들을 기꺼이 내 춤의 동반자라고 부르고 싶다.

암으로부터 어느 정도 회복되자 춤과 무대는 절실함으로 다가왔다. 2012년 5월 성황리에 〈동화〉 공연을 마쳤다. 마지막 공연이 될지도 모른다는 생각에 '제주춤 일구기 작업'의 마지막 과제인 듯 혼신의 정성을 무대 위에 쏟았다. 이 공연 덕분에 다시는 못 출 것 같던 내 춤은 다시 활기를 찾았고 내 인생도 새로운 활력을 얻었다.

이 공연 때 내 딸 서영이와 함께 무대에 오른 일도 의미가 크다. 이 공연을 계기로 우리의 모녀 관계도 화해와 상생의 길을 새롭게 찾아 나서게 되었으니 말이다.

그 후에도 물론 정기 검진은 계속 받았다. 처음엔 3개월마다, 나중엔 6개월에 한 번씩 삼성병원에 가서 주치의를 만났다. 2018년 7월, 장맛비가 주룩주룩 내리던 날이었다. 주치의가 차트를 덮으며 말했다. "김희숙 씨, 이젠 안 만나도 되겠네요." 약간 어리둥절한 나에게 주치의는 싱긋 웃어 보였다. 그제야 나도 무슨 뜻이지 알아차리고, "고맙습니다." 인사를 했다. 완치 판정을 받은 것이다. 7년에 걸친 치료가 그렇게 끝났다. 산정특례 환자, 즉 중증 한자의 굴레에서도 벗어났다.

병원에서 나오자, 들어갈 때만 해도 그렇게 쏟아지던 빗줄기였는데, 거짓말처럼 날이 개어 있었다. 가슴에 뜨거운 것이 치밀어 올라 목이 멨다. 어디 조용한 데 가서 엉엉 울고 싶었다. 그러나 그곳은 낯선 서울이었고, 나에겐 어서 돌아가야 할 곳이 있었다. 그곳엔 해야 할 일과 보고 싶은 얼굴들이 나를 기다리고 있었다.

큰딸 서영이

서영이 이야기가 나왔으니, 이참에 몇 마디 남기고 싶다.

앞에서 무용학원을 차린 이야기를 했는데, 그렇게 학원을 내긴 했지만 형편이 여러 가지로 여의치 않았다. 생활비를 줄이기 위해 어쩔 수 없이 학원 옆에 살림집을 차리고 육아도 직접 했다. 도우미를 쓴다는 것은 생각도 못할 처지였다. 학원에 갈 때는 갓 돌이 지난 아이를 함께 데려가서 한쪽 구석의 아기구덕이나 비닐장판에 눕혀 놓았다. 그러면 아이는 기저귀를 찬 채 연습실 바닥을 기어 다니며 놀았다. 아이한테 학원은 놀이터였다. 큰딸 서영이는 그렇게 자랐다. 서영이는 학원생들이 춤추는 것을 보면서 흉내를 내다가 자연스럽게 춤을 배우기 시작했고, 철이 들자 발레리나를 꿈꾸었다.

서영이가 고등학교 1학년 때 서울에 가서 국립무용단 공연을 함께 보았다. 감동을 받았는지, 한국무용을 하기로 생각을 바꾸었다. 나는 솔직히 서영이가 다른 길을 가기를 원했다. 무용가의 길이 얼마나 고되고 험난한지를 너무도 잘 알고 있었기 때문이다. 그러나 피는 못 속이는 것인가, 서영이는 결국 나를 따라 춤꾼이 되었다.

서영이는 춤에 대한 열정과 의지도 나를 닮았다. 상명여대에서 한국무용을 전공하고, 그 후 중앙대 대학원에서 석사학위를 받았다. 제주춤의 무보(舞譜)를 정리하고 싶다는 뜻을 가지고 있다. 이쪽 방면에는 내가 선배니까, 엄마가 아니라 선배로서 조언할 수 있다는 게 얼마나 기쁜지 모르겠다.

앞에서 언급한 〈동화〉 공연 때 서영이는 도입부 장면에서 병약한 나를 무대 위로 이끌어주었고, 우리 춤꾼 모녀는 그렇게 한 무대에서 함께 춤을 추었다. 그날 공연을 본 사람들 중에는 서영이를 보면서 젊은 날의 나를 보는 것 같았다고 말하는 이들도 적지 않았다.

서영이는 무용학원도 물려받았다. 아니, 2005년에 서영이가 학원을 열면서 '예원무용학원'으로 등록했고, 그래서 '김희숙무용학원'은 자연스레 문을 닫은 셈이 되었다. 생김새부터 춤동작까지, 이렇게 대물림되는 경우가 또 있을까? 나는 이제 홀가분하게, 언제라도 훌훌 털고 날아갈 수 있을 것 같다.

2008년 4월 26일자 『한라일보』에는 '代를 잇는 사람들' 시리즈의 하나로 '한국무용가 모녀 김희숙·고서영 씨'라는 기획 기사가 실리기도 했다.

⋯⋯"지금은 내가 딸아이를 가르친다기보다 '서로 도움을 주는 무용가 선후배'라고 부르는 게 맞을 겁니다. 오히려 나보다 더 열정적이고 공부 욕심이 많은 딸이 얄미울 때도 있어요. 돌이켜보면 나도 치열하

[代를잇는사람들](11)한국무용가 모녀 김희숙·고서영씨
"제주춤의 매력 끝이 없죠"

입력날짜 : 2008. 04.26. 00:00:00

발레리나 꿈꾸다 한국무용 전공 결심
"모녀 이전에 도움 주고 받는 선후배죠"

기어다니기 시작할 때부터 어머니의 연습실 마루바닥은 딸의 놀이터였다. 자연스럽게 춤을 배우기 시작했고 철이 들면서 발레리나를 꿈꾸게 됐다. 하지만 고교 1학년때 국립극장 무대에 올려진 국수호 선생의 공연을 어머니와 함께 보고 한국무용을 전공하기로 생각을 바꿨다. 지금은 어머니와 함께 섬세한 '제주춤'을 연구하고 가르치는 매력에 흠뻑 빠져있다.

'제주춤'을 대표하는 무용가 김희숙씨(54·김희숙제주춤아카데미 대표)의 큰 딸 고서영씨(31·예원무용학원장)의 얘기다.

어머니 김씨는 최근 일선에서 한발 물러나 '제주춤' 창작작업을 하면서 지내고 있다. 도립예술단에서 오랜 세월 안무를 하면서 젊은 춤꾼들의 무용을 무대에 올렸지만 정작 자신의 공연을 많이 갖지 못했다. 그런 그가 지금은

▲'제주춤'을 대표하는 무용가 김희숙씨(앞)와 큰 딸 고서영씨가 다정하게 포즈를 취하고 있다. /사진=강희만기자
hmkang@hallailbo.co.kr

자신의 작품을 창작하는데 힘을 쏟고 있는 것. 김씨는 1986년 제주시립예술단을 시작으로 1990년 도립예술단으로 확대된 이후까지 '물허벅춤' '해녀춤'등 다양한 작품을 만들었다. 그리고 2000년 5월 예술단을 떠났다.

김씨가 가장 기억에 남는 작품은 '밀이여, 놀이여, 춤이여'. 제주도의 노동, 놀이가 함축된 이

한라일보(2008. 4. 26)

게 살았는데 딸의 그런 모습을 바라보는 엄마 입장이 되고 보니 안쓰러운 마음이 드는 건 어쩔 수 없어요. 딸을 보면 마음이 아프죠."

엄마의 말에 딸은 고개를 떨군다. "엄마를 한마디로 표현한다면 '제주춤의 개척자'죠. 제가 무용가의 길을 걸으면서부터는 '엄마'라는 느낌보다 '무서운 선생님'으로 인식돼버렸어요. 저에겐 더 엄격하고 무서운 선생님이셨죠. 집으로 돌아가면 다정한 엄마로 돌아갔지만……."

작은딸 오그덴

여기서 털어놓자면, 작은딸 오그덴도 춤꾼이 될 뻔했다. 그랬다면 한 집안 세 모녀가 앙상블을 이룬 춤의 무대를 꾸몄을지도 모른다. 오그덴도 무용 소질을 타고났는데, 스스로 춤의 길을 포기했다.

나중에 털어놓기를, 엄마 혼자 어렵게 언니 뒷바라지하는 걸 보고 자기는 더 부담을 드리고 싶지 않아, 춤을 추고 싶었지만 그만두었다는 것이다. 그 기특한 태도에 미안한 마음이 들었지만, 그것도 나름의 운명이고 인생일 테니, 그 애나 나나 이제는 마음 편히 받아들일 수밖에 없지 않나 싶다.

참, 오그덴이라는 이름이 특이해서, 그게 본명이냐, 무슨 뜻이냐고 궁금해하는 이들이 있는데, 이참에 밝히자면 이렇다. 1981년 7월 31일, 제10호 태풍 '오그덴'이 제주를 지나갔다. 처음엔 많은 피

해를 줄 것으로 예상했지만 막상 닥쳤을 때는 비교적 조용히 지나
갔고, 고맙게도 가뭄까지 해소해주었다. 그날 태어난 손녀에게 할
아버지는 그날 지나간 태풍처럼 귀엽고 고마운 사람이 되라는 뜻을
담아 오그덴이라는 이름을 지어주었다.

춤꾼 자매의 깜찍한 모습

공연 이야기

내가 무대에 올려 공연한 작품은 헤아릴 수 없이 많다. 안무자로서 역할을 수행한 작품이 대다수지만, 춤꾼의 본능을 이기지 못해 내가 직접 무대에서 춤사위를 펼친 경우도 적지 않다. 어떤 공연이든, 관객과 더불어 한데 어울린 춤이야말로 가장 신나고 뜻있는 마당이었다.

나의 춤꾼 인생을 돌아보면 성취감에 가슴 벅찼던 경우도 있고 아쉬움으로 가슴 졸였던 경우도 적지 않다. 그중 몇 가지 공연을 돌이켜보고 그때의 풍경을 떠올리면서 감회에 젖어보고 싶다.

〈생불화〉

무용극 〈생불화〉는 제주도립민속예술단의 창단 공연으로 무대에 올려졌다. 그러니 나로서는 도립예술단 상임 안무자로서 처음 안무를 맡아 연출한 작품인 것이다. 지난 5년 동안 제주시립예술단과 재단법인 제주민속예술단에서 안무를 맡아 나름대로 경험을 쌓았다고는 하나, 도립예술단의 창단 공연인 만큼 예술계와 도민들의 기대가 많았고, 그런 만큼 그 준비에 부담이 컸던 것도 사실이다. 그래서 예술단에서도 6개월 동안 공연 준비에 매달린 끝에, 1990년 8월 30일 오후 6시에 제주문예회관 대극장에서 막을 올렸다.

〈생불화〉 공연 포스터

〈생불화〉는 제주도의 전통 당굿 가운데 삼승할망에게 자식을 점지해주도록 기원하는 '불도맞이'에서 구전되는 설화를 소재로 삼아 창작한 무용극인데, 줄거리는 다음과 같다.

동해용왕과 서해용왕 딸이 결혼을 한다. 그 후 딸을 낳았으나, 딸은 버릇이 없고 효심도 없어서 아버지인 동해용왕에게 죽임을 당할 처지가 된다. 하지만 용왕부인의 간청으로 인간 세상으로 쫓겨나게 되는데, 용왕부인은 딸에게 생불왕이 되어 살아가라면서 그 방법을 일러준다. 그런데 화급한 나머지 아기를 잉태하는 방법은 가르쳐주었으나 출산하는 방법은 가르쳐주지 못하고 만다.

그 후 용왕 딸은 임박사 부인에게 아기를 잉태케 하지만, 출산 때가 되어도 아기를 탄생시키지 못하자 그만 겁이 나서 도망쳐버린다. 용왕 딸의 실수로 아기와 아내를 잃게 된 임박사는 옥황상제에게 사실을 아뢴다. 옥황상제는 임박사의 소리를 듣고 생불왕이 될 만한 사람을 추천하도록 명한다. 그러자 신하들은 명진국의 따님아기를 추천한다. 옥황상제는 명진국 따님의 총명함을 알고 잉태와 출산의 비밀을 알려주고, 생불왕에 명하여 인간 세상으로 내려보낸다.

따님아기는 수양버들 아래서 울고 있는 용왕 딸을 만난다. 우는 이유를 묻는 과정에 서로가 생불왕이라고 주장하다 시비가 붙어 심하게 다투게 된다. 이들은 옥황상제에게 가서 심판을 받자고 하여 하늘로 올라간다. 옥황상제는 꽃씨를 주면서 꽃이 자라는 것을 보고 결정하겠다고 한다. 꽃이 점점 자라게 되자, 용왕 딸의 꽃은 시들해지고 따님아기의 꽃은 화사하게 피어난다. 결국 따님아기는 생불왕이 되고 용왕

딸은 저승할망이 된다.

명진국 따님아기는 생불화를 가지고 이 세상에서 아기 탄생과 성장을 돕게 되는데, 어느 날 마마신인 대별상이 아기들에게 마마병을 돌게 하는 것을 보고 대별상의 부인에게 난산의 고통을 줌으로써 끝내 마마신을 굴복하고 아기들을 지켜낸다.

이 공연은 성공적으로 끝났다. 800여 석 규모의 객석이 입추의 여지 없이 가득 찼다. 그러나 이 공연에서 내가 기여한 바는 물론 제한적이다. 내용을 구성하고 줄거리의 전개에 맞춰 음악을 작곡한 것은 조영배 교수(제주교대)였다. 조 교수는 원래 서양음악을 전공했지만 우리 민요에 관심이 많아, 제주 굿판에서 쓰이는 연물[1] 가

1) 제주도에서 악기를 일컫는 용어로, 장구 · 징 · 북 · 설쇠의 네 악기를 일컫는다.[편집자 주]

조흥동 선생님

락에 서양음악의 템포와 리듬을 접목시키고 노동요 · 무속음악 · 어
부요 · 창민요 등을 망라해서 독특한 춤음악을 탄생시켰다. 게다가
나는 공연에 만전을 기하기 위해 조흥동 선생님(예술원 부회장, 당시
한국무용협회 이사장)에게 안무 지도를 위촉하여 도움을 받았다. 조
흥동 선생님과는 그때의 인연을 오늘까지 이어오면서 가르침을 받
고 있는데, 큰 축복이 아닐 수 없다.

〈생불화〉의 성공에 힘입어 제주도립예술단은 이듬해에 서울 국
립극장에서 열린 '91 전국 시 · 도립무용단 무용제'에 처음 참가해
서 갈채와 호평을 받기도 했다. 이 작품과 나의 인연은 묘하게 이어
졌다. 도립예술단 10주년을 기념하여 제20회 정기 공연으로 마련
한 작품이 다름 아닌 〈생불화〉였고, 이때의 안무 작업을 끝으로 나

는 예술단을 떠났던 것이다.

발리 예술제

'발리 예술제'는 인도네시아 발리 섬에서 펼쳐지는 가장 큰 예술 축제다. 1978년에 처음 열린 뒤로 해를 거듭할수록 그 규모와 명성이 커졌고, 이제는 세계 각국의 민속무용단체가 참여하여 저마다 기량을 뽐내는, 세계적인 민속예술 축제가 되었다.

앞에서도 잠깐 언급했지만, 발리 예술제에 제주도립예술단이 참가하게 된 것은 제주도와 발리주의 자매결연에 따른 협력 사업의 일환이었다. 격년으로, 한번은 우리가 발리에 가고 한번은 발리 민속예술단이 제주도에 와서 공연을 펼친다.

이런 이유로 1992년 6월에 우리 예술단이 참가하게 된 것이다. 예술제는 발리 아트센터의 야외 공연장에서 열렸는데, 8천석 규모의 대형 무대였다.

우리가 공연한 날, 발리 주지사 내외분을 비롯한 1만여 관중이 운집했고, 발리에 거주하는 한국교민 50여 명도 가족과 함께 고국의 가락과 춤사위를 보러 왔다. 이때 함께 갔던 현춘식 시인(당시 도청 학예연구관)은 『한라일보』(1992년 6월 29일)에 다음과 같은 참관기를 남겼다.

"…오후 7시 55분, 공연을 알리는 한국의 가락이 밤하늘에 울려 퍼졌다. 발리의 관객들은 한국의 소리에 귀를 기울이고 있었다. 교민들은 상하의 나라에 살면서 목말랐던 향수의 갈증을 풀고 있었다. 부모들의 손에 이끌려온 꼬마들도 어깨를 들썩이고, 무대를 장식한 오방색 깃발들도 온몸을 추스르고 있었다. 관객들은 이방의 가락에 박수를 쳐대고 휘파람으로 신명을 돋우었다.

밤 8시 정각, 드디어 공연이 시작됐다. '사물놀이' 패들이 둥둥둥 북소리를 울리자 고요가 환희로 넘실거리기 시작했다. 서서히 분위기가 달아올랐다. 연물 가락이 빠른 물살로 솟구쳤다. 조명이 켜지자 제주의 가락은 때로는 낮은음자리표로, 때로는 높은음자리표로 걸렸다 지워지고 다시 걸렸다가 지워졌다. 관중석도 파도를 일으켰다. 관중석에서 폭포처럼 쏟아지는 박수 소리, 사물놀이가 끝나자 장내는 환호의 도가니로 변했다.

이어서 '화관무' 공연. 은은한 한국의 가락이 절정에 달하면서 화려한 춤의 무대를 펼쳤다. 펄럭이는 한복의 춤사위는 마치 학들이 춤을 추는 것 같았다. 펼쳤다가는 휘어지고 휘어졌다가 다시 접혀지는 어깨춤이 발리의 밤하늘을 끌어내렸다. 관중은 호흡을 멈추고 환상의 무대에 넋을 잃고 있었다.

화관무가 끝나고 '물허벅춤'. 신을 부르는 듯한 제주의 서우젯소리의 유장한 가락에 맞춰 비바리들의 물허벅춤이 시작되자 관중의 호기심 어린 시선이 집중됐다. '내 팔자가 날 울리고, 내 전생이 날 울린다'는 노랫말이 야자수 가지에 걸리기 시작했다. 이국의 무대에서 보는 물허벅춤은 새로운 감흥에 젖게 했다. 가장 향토적인 것이 가장 세계적인 것이라는 말이 실감 났다.

물허벅춤이 끝나자 파도 소리가 밀려왔다. 무대에는 자욱한 안개가 퍼지기 시작했다. '바다의 메아리'가 공연되기 시작한 것이다. 소복을 입은 여인이 두 손을 모아 기원하면서, 물질하다 바다에 빠져 죽은 넋을 위로했다. '이어도사나'와 '오돌또기'의 은은한 가락에 맞춰 테왁춤이 펼쳐졌다. 제주 해녀들의 춤을 보는 관객들은 호기심으로 가득 찼다. 요정들이 춤을 추는 것만 같았다.

'무속의 군무'가 무대에 펼쳐졌다. 원색의 의상들이 무대 가득 부챗살로 퍼졌다. 소지(燒紙)를 살라 발리의 하늘에 올리고 신을 좌정시킨 다음 본격적인 굿판이 벌어지자 관중석은 환호로 출렁거렸다. 엄지척의 시늉과 함께 '베리 굿'의 환호가 연신 쏟아졌다. 신들의 축제를 보는 듯했다. 발리의 그 수많은 사원에 사는 신들이 모여들고 제주의 일만 팔천 신들이 한데 어우러져 느영나영 한마당 춤잔치를 벌이는 기분이었다. 제주 민속예술의 절정을 펼친 무대였다.

마지막으로 '판굿'이 무대를 장식했다. 전단원이 출연하여 비나리와 북춤으로 이어진 판굿 공연은 관중들을 제주의 마당으로 불러낸 듯한 분위기를 연출했다. 일부 관중은 덩실덩실 춤을 추고, 주지사를 비롯한 내빈들도 흥겨운 가락에 맞춰 어깨를 들썩이고 있었다. 북소리·장구소리·설쇠소리가 화음을 이루면서 메아리치고, 교민들은 어느새 놀이패가 되어 있었다. 관객들도 공연패도 한데 어우러진 신명의 한마당이었다. 공연이 끝나도 일어나지 않고 계속 쳐대는 박수와 환호 소리…

발리 사람들이 신성시하는 예술센터 야외 공연장 무대에 외국 공연단으로는 처음 펼친 공연은 성공적으로 막을 내렸다. 예술이 주는 감

동과 공감력을 환상적으로 보여준 큰 무대였다. 발리의 신문과 TV는
제주 예술단의 공연을 연일 보도했다. 예술이 국경을 초월한 축제의
현장이었다.

　우리 것이 귀한 줄을 다시금 깨달은 게 큰 기쁨이었다."

발리 신문에 톱기사로 나오다

발리 공연은 여섯 차례나 펼쳐졌다. 원래는 한 차례 공연할 예정이었는데, 연속 공연을 요청받은 것이다.

우리 예술단은 발리 주지사의 초대를 받고 공관으로 가서 식사 대접을 받기도 했다. 주지사 공관에도 공연장이 따로 마련되어 있었다. 여기서도 우리는 약식 공연을 가졌는데, 주지사는 우리와 함께 어울려 춤을 추었다.

전통문화에 대한 관심과 애정은 비단 주지사만의 것이 아니었다. 주민들 전체가 전통문화에 자부심을 가지고 그 보전과 계승에 노력을 쏟고 있었다. 예술제가 열리는 기간에는 발리 섬 전체가 축제장으로 변모했다.

전통문화를 단순히 지키는 것이 아니라, 그것을 관광 상품으로 개발하고 전승하는 노력도 곳곳에 스며들어 있었다. 공연장에서 보았을 때도 발리 주지사가 인도네시아 부통령보다 지위와 권위가 높아 보였다. 관광 수입이 많아서 국가 재정에 크게 기여하고 있기 때문이었다. 그러니 주지사가 그만큼 대접받는 것이다. 관광을 산업 기반으로 삼고 있는 제주도에서도 이런 안목과 노력이 필요하다는 생각을 곱씹곤 했다.

〈바람 부는 섬에 꽃향기 날리고〉

2000년 5월에 제주도립예술단 상임 안무장을 사임하고 집안에 틀어박혀 지내고 있었다. 지난 15년 동안 시립민속예술단과 그에 뒤이은 도립민속예술단과 도립예술단의 안무장이란 직책을 맡아, 30대에서 40대에 걸친 시절의 젊음과 열정을 쏟으며 밤낮없이 작업하느라 심신이 많이 지쳐 있었다.

그런 나에게 일본에서 고키 료슈(幸喜良秀, 1938년생) 선생이 연락해왔다. 고키 선생은 오키나와의 저명한 무대 연출가로, 1990년대에 오키나와현 관광문화국장을 지낼 때 당시 제주도 관광문화국장인 김한욱 씨(나중에 정무부지사 역임)와 친분이 있어서 상호 교류를 상의하기 위해 제주도를 자주 방문했는데, 민속춤에도 관심이 많아서 도립예술단 공연이 있으면 꼭 찾아와 관람하곤 했다.

그분의 말씀인즉, 2002년 한·일 월드컵에 따른 'PAC 2002'(공동 예술제)의 프레(사전) 공연에 참여해달라는 것이었다. 원래 이 요청은 내가 도립예술단에 있을 때 들은 바 있었다. 2000년 4월에 도립예술단의 창단 10주년 기념 공연이자 제20회 정기 공연으로 〈생불화〉를 무대에 올렸을 때, 이 공연을 보러 왔던 고키 선생이 앞에서 말한 'PAC 2002' 공연을 오키나와의 가무극단 '추라(美)'²⁾와 제

---

2) 오키나와의 전통 예능을 대표하는 가무극단으로, 1998년에 창단되었으며, 류큐(流球) 무

済州道にて済州道道立芸術団公演
後に共同制作を提案 (2000.4)

2000년 4월 〈생불화〉 공연 뒤 고키 선생(외쪽)과 함께

주도립예술단의 협연으로 진행하고 싶다고 제의했는데, 오키나와와 제주도가 지니는 역사적·문화적 유사성에 주목하여, 두 섬의 전통 민속춤을 공동 연출로 무대에 올리면 좋겠다고 생각한 것이다. 그래서 구두로 협의가 되었는데, 그 후 5월에 내가 갑자기 도립예술단을 나오게 되자 고키 선생이 나에게 연락을 취해온 것이다. 요지는 이랬다. 내가 제주도립예술단과 협연을 하려고 했던 것은 당신이 안무를 맡고 있었기 때문이다. 그런데 당신이 예술단

용계의 최대 계파인 다마구스쿠류 교쿠센회(玉城流玉扇會)에서 선발된 미혼 여성만으로 구성되어 있다. 류큐의 고전무용을 계승하여 그 전통을 오늘에 되살린 현대적 테마의 표현을 모색하고 있으며, 활발한 국내외 공연을 펼치고 있다.[편집자 주]

을 떠났으니, 당신이 개인 자격으로 참여해주면 좋겠다.

이렇게 꼭 나하고 공연을 하고 싶다고 간곡하게 청하니, 더는 춤을 추고 싶지 않아 주저앉았던 나도 기분을 새롭게 다잡고 일어날 수밖에 없었다.

그해 12월에 나 혼자 오키나와에 가서 고키 선생을 비롯한 그쪽 관계자들과 공동 공연에 따른 사항을 협의하고, 이듬해(2001년) 6월 하순에는 15명의 '김희숙무용단'을 이끌고 가서 한 달 반 동안 합숙하며(제반 비용과 출연료는 모두 일본 정부에서 나왔다) '추라'와 함께 합동 연습을 거친 다음 8월 10일(19시)과 11일(14, 19시)에 구지카와(具志川) 시민예술극장에서 공연하게 되었다. 그때 작품이 가무극 〈바람 부는 섬에 꽃향기 날리고(風吹く島に 花咲き薫る)〉인데, 고키 선생이 직접 작품을 쓰고 연출을 맡았으며, 안무는 '추라' 대표인 다마구스쿠 히데코(玉城秀子, 1941년생) 선생과 내가 공동으로 맡았다.

공연 팸플릿에 실린 '제작의 말'에는 이런 내용이 실려 있다.

"2002년에 개최되는 월드컵 공동 개최에 대한 파급 효과는 스포츠만이 아니라 여러 분야에서 일본과 한국에 새로운 가능성을 탄생시키고 있습니다. 그래서 새로운 세기에 상응하는 무대예술 교류의 시도로서 일본과 한국의 예술가들이 서로의 영지와 인재를 제공하여 공동으로 '고대' '중세' '현대' '미래'의 네 시대로 이루어지는 네 작품을 창작하여 월드컵 개최 기간에 발표하는 '일본 · 한국 PAC 2002(무대예술 콜

라보레이션 페스티벌)'을 기획했습니다.

　각각의 작품은 일본과 한국의 역사적 사실이나 인연이 깊은 사건, 또는 양 국민의 마음속을 묘사하고 다양한 표현 스타일을 받아들인 예술성이 풍부한 내용으로 예정되어 있습니다. 본 프레 공연에서는, 2002년의 본 공연에 앞서 제작하는, 4부작 가운데 오키나와와 제주도를 무대로 한 '고대' 부문, 가무극 〈바람 부는 섬에 꽃향기 날리고〉를 보시겠습니다.

　예로부터 오키나와와 제주도의 사람들은 섬이 가진 특이한 환경 속에서 외딴 섬의 고난과 싸우며 자신의 운명과 역사를 개척해 왔습니다. 이야기는 오키나와를 상상 세계에 나오는 봉래국(蓬萊國)으로 보고, 제주도의 젊은이가 봉래국을 찾아가는 장면으로 시작됩니다. 어머니가 병으로 쓰러지자 무당의 말을 믿고 '불로불사의 선약(仙藥)'을 구하러 떠난 것이지요. 그가 탄 배가 폭풍에 시달린 끝에 어느 섬에 표착하고 그는 섬사람들에게 구조되는데… 현대에 살고 있는 오키나와와 제주도의 젊은이들이 고대의 무대에서 펼치는 화려한 가무극을 통해 이국의 사람들이 서로 융화하는 신선한 감동을 느껴주면 다행한 일이겠습니다."

　나는 안무를 맡은 외에도 병든 어머니 역을 맡아 출연하기도 했다. '추라' 단원들은 공주역을 맡아 오키나와 전통춤을 펼쳤고, 우리 단원들은 해녀춤과 물허벅춤을 선보이고, 열 개의 말명장구로 군무를 추기도 했다. 말명장구는 심방이 굿판에서 연유 닦음(굿을 올리게 된 사유를 신에게 아뢰는 일)을 할 때 입담 소리에 장단을 맞추

〈바람 부는 섬에 꽃향기 날리고〉의 공연 장면

며 치는 무구인데, 그 특이한 모양을 보고 고키 선생이 하나 남겨두고 가기를 원해서 아낌없이 선물로 드렸다.

공연은 대성황을 이루었다. 공연이 시작되기도 전에 관객들이 극장 밖에 장사진을 치고 앉아 있었다. 〈바람 부는 섬에 꽃향기 날리고〉 공연은 2002년의 월드컵 축하 공연으로 이어져 서울과 일본을

오키나와 타임스(2001. 7. 26)

와 뮤지컬의 중간쯤을 차지한다는 점으로 보통 뮤지컬이 된다면 오페레타는 소프라노

김희숙 무용단 한·일 공연예술제 참가

오키나와 가무극단 공동제작 '바람부는 섬에 …' 공연

김희숙 무용단이 PAC 2002 (한·일공연예술제)에 참가해 일본 오키나와 가무극단 '美'와 공동 제작한 '바람부는 섬에 꽃향기 날리고'를 선보인다.

한·일 월드컵공동개최에 맞춰 양국간의 실질적 문화 교류를 위해 기획된 이번 한일공연예술제는 고대부, 중세부, 현대부, 미래부 총 4개의 막으로 이뤄졌으며 오는 25일부터 6월 21일까지 한달여간 서울과 도쿄를 교차하며 공연한다.

단순한 축제형식의 초청공연에서 벗어나 한·일 예술인들의 공동제작이라는 기회를 통해 양국의 반목과 불신의 감정을 극복함은 물론 고유의 문화를 세계에 널리 알리는데

그 의미를 두고 있다.

김희숙 무용단의 '바람부는 섬에 꽃향기 날리고'는 이번 예술제의 고대부를 장식할 작품이다. 이미 지난해 8월 오키나와에서 공연한 바 있는 이 작품은 오루므라 다츠오 각본, 김희숙·다마구스루 히데코의 공동 안무로 만들어졌다.

'바람부는 섬에 -'는 제주도의 신화 삼성혈, 혼인지, 절부암 등의 설화와 오키나와 전통 예술을 소재로 고대 두 섬의 독특한 문화와 젊은이들의 사랑을 그려낸 무용극이다. 오는 25, 26일 서울 문화일보 홀에서 3회의 공연과 6월1,2일 일본 도쿄

김희숙씨

> 오키나와·제주인 삶과 사랑 이야기
> 25·26일 서울, 6월1·2일 동경 무대에

예술극장 중극장에서 2회의 공연을 찾는다.

이외에 이번 공연예술제에는 16세기 조선무녀와 일본 무사의 사랑이야기를 양국의 전통 연희로 표현한 중세부 '間'과 2차대전의 상처를 간직한 일본과 한국을 인간의 정으로 화해시키는 '바다에 가면&출격'이 각각 서울과 도쿄를 오가며 선보인다. 미래부 '제전의 날'은 현대무용계의 대표적 선두주자 안성수와 김이토가 심혈을 기울여 공동제작할 작품으로 무용 팬들의 관심을 모으고 있다.

〈박미라 기자〉

김희숙 무용단·오키나와 가무극단 '美'의 합동 연습.

제민일보(2002. 5. 23)

오가며 열렸는데, 서울에서는 2002년 5월 25과 26일 문화일보 홀에서 3회, 일본에서는 6월 1일과 2일 도쿄예술극장 중앙홀에서 2회 공연을 가졌다.

이 공연은 단순한 축제 공연에서 벗어나 한·일 예술인들의 공동 제작이라는 기회를 통해 양국의 반목과 불신의 감정을 극복함은 물론 고유한 전통문화를 세계에 널리 알리는 데 큰 의미가 있었다. 덕

분에 그 후 2년 동안 '추라'와 제주춤아카데미의 교류 공연이 지속되었지만, 언어 소통의 불편과 체재비 문제로 계속 이어지지 못해서 아쉬웠다.

〈동화(同化)—춤, 제주에 스며들다〉

앞에서 잠깐 언급했지만, 〈동화〉는 내가 암투병을 무사히 마치고 나자 제자들이 나를 위해 마련해준 일종의 위로 공연이었다. 그러나 이 작업을 단순한 위로 공연 정도로 끝낼 수는 없는 일이어서, 여기에 뭔가 의미를 부여하고 좀 더 지속적인 작업이 되기를 원했다. 그리하여 '김희숙의 제주춤 일구기 작업'이라는 취지를 설정하고, 그 첫 번째 작업으로 진행하기로 했다. 나의 제주춤이라는 것이 필경은 송근우 선생님으로부터 물려받은 것인 만큼, 그 내용은 자연히 선생님을 기리는 한편, 선생님의 뜻을 이어가려는 의지를 담게 되었다.

공연은 2012년 5월 30일 저녁에 제주문예회관 대극장에서 막이 올랐는데, 기대 이상의 대성황이었다. 관객들이 위아래층 객석을 가득 채우고 넘쳐, 객석 뒤에 서거나 복도 계단에 주저앉기도 했다.

프로그램은 네 마당으로 구성되었는데, 첫 번째 마당('바람의 꿈')은 제주춤의 개척자인 송근우 선생님을 기리는 뜻에서, 제주춤의 시작과 흐름을 조흥동류 호적 시나위로 형상화했다. 그리고 나와 내 딸(고서영)이 무대에 함께 올라, 대를 이어 제주춤을 이어가는 모녀의 춤사위를 통해 '제주춤 일구기'의 출발을 알리려 했다.

두 번째 마당('섬의 향기')은 해녀춤과 물허벅춤을 무대에 올려, 송근우 선생님의 춤의 정신을 다시금 마음에 새기는 기회로 삼았으며, 세 번째 마당('살아오며 살아가며')에서는 제주 민요를 형상화하여 노래와 춤사위가 어우러진 무대를 연출했다. 마지막으로 네 번째 마당('신들의 고향')에서는 제주굿판에서 행해지는 춤사위를 무용으로 형상화하여 예술작품으로 무대에 올렸다.

이 공연에는 제주춤아카데미 단원들 외에도 제주국악단과 제주소리문화연구소가 참여하여 저마다 가진 기량을 발휘함으로써 무대를 더욱 빛내주었다.

이렇게 제주춤아카데미의 주관으로 시작된 '제주춤 일구기 작업'은 이듬해인 2013년 12월 22일 한라아트홀에서 두 번째 발표회를 가졌는데, 발표회 제목을 〈영게울림〉으로 잡은 것은, 이 공연 또한 송근우 선생님의 영혼과의 대화를 모색하고 싶다는 뜻을 담았기 때문이다.

세 번째 발표회—제목은 〈탐라, 그 황홀한 바람〉—는 2015년 11월 22일 설문대여성문화센터에서 열렸다. 이 공연에는 '국악연희단 하나아트'(대표 고석철)가 찬조 출연하여 대금 연주와 타악 퍼포먼스로 신명 나는 무대를 펼쳐주었고, 내가 도립예술단에 재직할 때 첫 번째 안무작인 〈생불화〉의 음악을 맡았던 조영배 교수님이 이 발표회 공연에서도 음악을 맡아주었다. 이 기회를 빌려 그분들에게 다시금 고마운 마음을 전하고 싶다.

'제주춤 일구기'라는 이름의 작업은 물론 나의 암투병 이후 제자들 중심의 제주춤아카데미가 나서서 진행한 결과이지만, 그 작업 속에 담긴 제주춤의 맥, 다시 말해 송근우 선생님의 춤의 정신을 기리는 일은 전에도 있었다. 선생님을 춤의 스승, 아니 삶의 멘토로 여기고 있는 내 처지에서, 1980년에 돌아가신 선생님을 기리는 거야 당연한 노릇이지만, 사실 선생님에 대한 추억과 그리움을 가진 이들이 제주에는 많았다. 그분들의 도움을 얻어 개최한 행사가 1994년 12월에 열린 '故 송근우 선생 추모 무용제'였다. 이 공연 행사에 대해서는 허영선 시인(당시 제민일보 문화부장)의 글이 있기에 여기에 덧붙인다.

"세밑 제주무용계에는 척박했던 이 지역 민속예술을 위해 한 점 씨톨이 되었던 무용인에 대한 의미 있는 추모 무용제가 올려져 훈훈한 감흥을 선사했다.

12월 27일 오후 6시 30분 제주도문예회관 대극장에서 한국무용협회 제주도지부(지부장 김희숙) 주최로 열린 '고 송근우 선생 추모 무용제'가 그것으로, 이 무용제는 고인의 생전에 가르침을 받던 제주여고 제자들과 동문, 동료들이 모여 엮어낸 것이다.

고인의 영정이 무대 중앙에 부착된 가운데 베풀어진 이날 무대는 모두 2부로 나눠 진행됐는데, 1부는 제자였던 중견 탤런트 고두심 씨가 추모시를 낭독했으며, 2부는 고인의 제자이자 이 지역 중견 춤꾼 김희숙 씨가 '추모의 몸짓' 독무로 고인의 예술혼을 기렸다. 또 도립민속예술단과 무용협회 제주도지부의 물허벅춤과 해녀춤 등 선생의 유작 무대가 엮어졌다. 제주여고 무용부가 특별 출연하여 제주민요와 민속춤을 선사해주었다.

한편 이날 공연에는 고인의 제자였던 중견 무용인 양성옥, 가수 은희 등 예술인 제자들과 동문, 춤 애호가들이 객석을 메워 진한 감동을 주었다.

고 송근우 선생은 1930년에 출생, 대구사범학교를 나와 안병찬 무용연구소와 한국무용연수원을 수료, 초등학교 교사를 거친 후 제주여고 교사로 재직하면서 당시 무용예술의 불모지였던 제주에 민속예술단을 창립하는 등 제자들에게 그 예술혼의 씨앗을 묻었었다.

50년대 말부터 70년대 중반까지 전국민속예술경연대회에 제주민속예술단을 참가시켜 해녀놀이, 영감놀이, 입춘굿놀이, 새경놀이 등으로 대통령상을 비롯 작품상, 개인상, 공로상을 휩쓸었던 것은 거의가 그의 공이었다."

나의 춤

나의 춤, 그 뿌리는 두 원천에 닿아 있다.

송근우 선생님

초등학교 때 문정희 선생님을 만나 배우기 시작한 한국무용이 중·고등학교 때 송근우 선생님을 만나면서 제주 민속춤으로 이어졌고, 그렇게 선생님께 배운 해녀춤과 물허벅춤이 내 춤의 한 날개가 되었다.

또, 그 무렵 전국민속예술경연대회에 참가하면서 그 과정에 큰심방 안사인 선생님을 통해 제주 무속을 접했고, 그 후 안무자로서 제주 굿판을 찾아다니며 김윤수 선생님에게 익힌 굿춤(무당춤)이 또 하나의 날개가 되었다.

안사인 선생님 · 김윤수 선생님

해녀춤 · 물허벅춤

부채춤이나 화관무를 흔히 한국의 전통무용으로 알고 있지만, 실은 1950년대에 김백봉 선생이 창작한 신무용이다. 마찬가지로, 제주 민속춤의 대표격인 해녀춤이나 물허벅춤도 1950~60년대에 송근우 선생님이 제주 전래의 생활도구를 활용하고 제주 여인들의 고된 삶을 춤으로 형상화하여 예술로 승화시킨 창작품인 것이다. 지금은 아무나 소중기와 적삼을 걸치고 스티로폼 태왁을 걸머지어 흥내나 내면서 '이어도사나' 하지만, 해녀춤과 물허벅춤에는 제주인의

해녀춤

물허벅춤

삶 속에서 춤사위를 개발하고 그 민속춤을 발전시키기 위해 열정을 쏟았던 선생님의 혼이 깃들어 있는 것이다.

해녀춤은 태왁(물질할 때 쓰는 뒤웅박) 하나에 의지해 비창(전복을 채취할 때 사용하는 쇠갈고리)과 작살을 들고 바다 속을 누비는 제주 해녀의 고된 노동을 형상화한 무용극으로, 물질을 끝내고 가족이 기다리는 집으로 돌아가는 해녀들의 강한 삶의 의지가 저녁놀과 함께 아름다운 춤사위로 표현된다.

물허벅춤은 물을 길어 나르는 비바리들이 일을 하다가 쉬면서 물허벅으로 장단을 치고 춤을 추며 삶의 애환을 풀어내는 생활 속의 풍속을 형상화한 것이다. 물허벅은 상수도 시설이 없던 시절 여인 들이 우물이나 샘터에서 물을 길어 나르던 물동이의 일종으로, 바 구니로 된 물구덕에 넣고 이것을 끈으로 등에 져서 날랐다. 제주에 는 물허벅을 모르는 사람이 없겠다 싶지만, 그래도 여기서 굳이 설 명을 보태는 것은, 제주에서도 젊은 세대나 외지에서 이주한 사람 들에게는 생소한 말과 사물이 되었기 때문이다.

송근우 선생님의 제자들 가운데 제주에 남아서 춤과 관련한 활 동을 하는 사람이 별로 없었다. 아니, 나 말고는 거의 없는 형편이 었다. 선생님이 타계하신 뒤, 다행히 나는 제주시립예술단과 도립 예술단으로 이어진 안무자 활동 속에서 선생님이 창안한 해녀춤과 물허벅춤을 좀 더 다듬어 무대에 올리는 작업을 수행하게 되었다.

해녀춤의 경우에는 태왁을 허리춤에 매달고 타악기처럼 활용함 으로써 기존 패턴을 벗어난 새로운 춤사위를 시도할 수 있었고, 물 허벅춤의 경우에는 물동이를 물구덕에서 꺼내게 하여 동작의 다양 한 변용과 동선의 확대를 기할 수 있었다. 이렇게 선생님의 춤 유산 을 한국무용에 접목해 무대 공연에 걸맞은 작품으로 형상화함으로 써 '송근우 춤'의 맥을 이어갈 수 있었다.

굿춤

굿춤은 제주당굿에서 유래했다. 제주당굿의 대표적인 것이 칠머리당굿(영등굿)인데, 내가 이 당굿과 인연을 맺은 것은 제주여중에 입학한 1967년에 제8회 전국민속예술경연대회에 참가하면서다. 그때 제주여중고 무용부를 중심으로 한 제주예술단은 〈영감놀이〉라는 작품으로 대통령상(대상)을 받았는데, 이 작품은 칠머리당굿에서 행해지는 여러 제차(祭次) 중의 한 대목을 송근우 선생님이 민속춤으로 개발한 것이다. 이 작품으로 연습과 공연을 할 때는 칠머리당굿의 큰심방인 안사인 선생님이 노래와 몸짓으로 보여주는 본풀이 입담에 따라 춤동작을 펼쳐야 했다. 그 시절 안사인 선생님의 소리는 가락을 맞춰주는 반주음악인 셈이었다.

그 후 내가 서울 생활을 접고 제주에 돌아와 무용학원을 운영하고 있었는데, 1980년 4월에 송근우 선생님이 갑자기 돌아가시는 바람에 안사인 선생님이 나에게 연락해왔다. 전국민속예술경연대회를 준비하고 있던 제주예술단에서는 송근우 선생님 대신에 안무를 맡아줄 사람이 필요했던 것이다. 안무랄 것까진 없겠고, 조천읍의 아낙네들도 구성된 단원들에게 춤동작의 기본 정도 가르쳐주어야 했다. 경연대회가 끝난 뒤, 대회에 출품했던 칠머리당굿은 중요무형문화제(71호)로 지정되고 안사인 선생님은 초대 예능보유자로 지정되었다. 당연지사였다.

선생님의 흥얼거리는 본풀이 입담 소리는 때로는 흐느적거리고 때로는 출렁거리는 춤사위와 한데 어우러져 어떤 영적 고양을 느끼게 했다. 그래서 좌중에 있던 청중·관객들은 자신도 모르는 사이에 일종의 몽환 상태에 빠져들기도 한다. 나도 종종 선생님의 굿판에 임석했다가 감정이 쏠리면서 아득한 혼란을 느끼곤 했는데, 그럴 때면 무섭다는 생각과 함께 빙의될 것을 경계하면서 나를 새삼 붙들기도 했다.

무용(춤)은 무속(굿)과의 결합을 통해 새로운 춤사위를 펼쳐낼 수 있었다. 그러나 굿판의 무당춤은 푸닥거리 수준에 머물러 있어서 아직은 춤이라는 형식으로 정리되어 있지 않았다. 그 정립 작업을 내가 해보고 싶었다. 굿판이라는 좁고 단순한 공간에 한정된 동작을 무대라는 좀 더 역동적인 공간에 올려, 정형과 부정형을 넘나드는 춤사위의 공연물로 재구성하고 싶어진 것이다.

이런 목적과 열의를 가지고 굿판을 찾아다니기 시작했고, 1990년에 안사인 선생님이 타계하신 뒤에는 칠머리당굿의 제2대 예능보유자인 큰심방 김윤수 선생님으로부터 굿에 대한 가르침을 제대로 받았다. 그러자 무속 세계에 대한 나의 이해도 깊어지고 넓어졌다. 이를 바탕으로 굿춤을 체계화하려는 노력이 2000년에 대학원 석사학위 논문과 그 발표회 공연으로 결실을 보게 되었던 것이다.

칠머리당굿은 원래 열두(12) 제차(祭次)로 구성되어 있다. 이를 무대 공연에 적합한 춤으로 편성하려면 굿판에서 연희되는 춤사위를 단계별로 조정할 필요가 있었다.

그래서 초감제 · 향로춤 · 퇴송 · 무속의 군무 등 네 단계로 나누어 진행했는데, 내가 특히 주안점을 둔 것은 네 번째이자 마지막 단계인 '무속의 군무'로, 앞의 세 단계를 거치며 칠머리당굿이 행해지는 전체적인 과정을 한 무대에 펼쳐내는 것이다. 원래 보름 동안 행해졌던 칠머리당굿을 10분 정도의 춤으로 압축하여 무대화하는 데에는 군무야말로 적절한 형식이 아닐 수 없었다. 게다가 굿판에서 연희되는 춤사위는 단순할 수밖에 없는데, 이런 문제를 극복하고 하나의 무용 작품으로 무대화하려면 굿춤에 예술성을 확보하는 것도 중요한 과제였다. 그래서 당굿의 여러 제차에 등장하는 갖가지 역할과 소도구를 각각 독립시켜 개별적인 작품—신칼춤, 신대춤, 향로춤, 가락춤, 말명장구춤, 할망다리춤, 향발춤 등—으로 재구성하기도 했다.

송근우 선생님과 안사인 선생님은 형제 같은 사이였다. 살기도 부러리(용담동) 한동네에 살았다. 안사인 선생님은 건강이 안 좋아 송근우 선생님이 약 수발을 들기도 했는데, 두 살 아래인 송 선생님이 10년 먼저 세상을 떠나셨다. 두 분이 좀 더 오래 사셨다면 제주 춤의 세계도 많은 변화와 발전이 있었을 텐데….

넋풀이춤

내 춤은 나이를 먹어가면서 한결 오롯해졌다. 겉으로 드러나는 화려함보다 안으로 새기는 간절함이 깊어졌다는 뜻이다. 삶의 끝자락에서 죽음의 문턱을 넘나든 암투명의 세월이 나를 그렇게 침잠하도록 만들었을 것이다. 또, 그 세월을 견디는 동안 세상의 일상과 거리를 두고 살면서 새삼스럽게 만난 제주의 자연에 심취하고 감동하게 된 것도 그런 연륜의 탓이거나 덕일 것이다.

제주도 곳곳을 돌아다니다 보니, 제주의 자연 자체가 춤의 무대처럼 느껴졌다. 오름 기슭, 바닷가 신당, 팽나무 쉼팡 같은 데서, 자연을 무대 삼아 춤을 추고 싶다는 의욕이 샘솟고, 춤을 추면 안에서 응어리졌던 울화도 쑥 가라앉았다.

한때는 춤을 그만두려고 했었다. 초야에 묻히듯 골방에 박혀 두문불출하며 지낸 적도 있었다. 그런 나를 다시 무대로 불러낸 것은 일본 오키나와의 공연 연출가인 고키 료슈 선생이었다. 이분의 초청을 받아 참여한 〈바람 부는 섬에 꽃향기 날리고〉 공연(여기에 대해서는 앞에서 자세히 말했다)에서 나는 어머니 역을 맡아 춤사위를 펼쳤는데, 자나 깨나 자식 걱정에 겨운 어머니를 표현하면서 나는 자연과의 교감, 영혼과의 교감을 실제처럼 절감했다.

이때 내가 신들린 듯 펼친 춤사위에 '넋풀이춤'이라는 이름을 붙

넋풀이춤

이고 이 춤을 내 춤꾼 여정의 한 이정표로 삼아준 것은 예술단에서 함께 활동했던 놀이꾼 고영일이다. 그는 이 춤에 필요한 음악까지 편곡하면서 내가 이 춤을 계속 출 수 있게 해주었다. 그는, 내가 추는 이 춤을 자신이 직접 받고 싶었던 것일까, 나보다 먼저 세상을 떠났다. 그러나 그의 49잿날 나는 춤을 추지 못하고, 다른 제자가 그의 영전에서 이 춤을 추어 그의 넋을 달래주었다.

나는 넋풀이춤을 추면서 바람 소리·목탁 소리에도 울림의 메시지를 받는다. 정형화된 율동이나 춤사위가 아니라, 그때그때 춤추는 현장에서 느껴지는 기분과 감흥에 따라 응기응변의 몸짓 언어를 토해내는 것이다. 넋풀이춤을 추다 보면 그 춤 속에 서서히 빠져들어, 내가 춤추는 대상, 즉 내가 넋을 달래려는 대상과 혼연일체가 된 듯한 망아의 경지에서 전율을 느끼기도 한다. 그것은 내가 굿판을 돌아다니며 심방들로부터 춤사위를 배울 때 언뜻언뜻 접했던, 그러나 거기에 빠져들어 발목이 잡히면 무당이 될지도 모른다는 생각에 한사코 손사래를 치며 달아났던 빙의감, 그것과 많이 닮았다.

내가 추모제 같은 행사에 동참하게 된 것도 넋풀이춤을 통해 한 서린 영혼들의 아픔을 조금이나마 달래주고 싶어졌기 때문이다.

2007년 6월 25일에는 제주시 용담동 레포츠공원에서 열린 '제주북부 예비검속3) 희생자 원혼 합동위령제'에 참여하여, 양중해 시인

---

3) 제주북부 예비검속 사건은 1950년 한국전쟁이 터지자 당시 제주읍·애월면·조천면 등

예비검속희생자
추모위령제 열려

1950년 주민 1천여명 학살

제주 북부지역 예비검속 희생자들의 넋을 달래기 위한 합동위령제가 25일 오전 11시30분 제주시 용담 레포츠공원에 있는 위령제단에서 봉행됐다.

제주북부예비검속희생자유족회(회장 양용해) 주최로 열린 이날 합동위령제에는 유족 등 500여명이 참석했다.

양 회장은 이날 주제사에서 "6·25전쟁이 발발하자 예비검속이라는 굴레를 씌워 어디론가 끌려가 아무런 법적 절차도 없이 국가권력에 의해 학살돼 영영 불귀의 객이 되고 말았다"며 원혼들을 추모했다.

제주북부 예비검속자 학살사건은 1950년 한국전쟁 발발 직후 경찰이 당시 제주읍과 애월면, 조천면 등 한라산 북부지역에 살던 주민 1천명 이상을 '불순분자' 등의 이유를 들어 무차별 연행한 뒤 같은 해 7~8월 바다에 수장하거나 제주공항에서 학살한 뒤 암매장한 사건이다.

허호준 기자

25일 오전 제59주기 한국전쟁 당시 제주북부 예비검속 희생자 원혼 합동위령제가 봉행된 가운데 제주춤아카데미 김희숙 대표가 진혼무를 펼치고 있다.
제주/연합뉴스

한겨레(2009. 6. 26)

의 「떠나가는 자의 소원」을 김섬 시인이 낭독하는 가운데 진혼무를 추었고, 그 후 몇 차례 더 참여한 바 있다.

2008년 8월 27일(음력 7월 7일) 서귀포시 대정읍 상모리의 섯알

한라산 북부지역에 살던 주민 1천여 명이 사상이 불순하다는 이유로 경찰에 잡혀간 뒤 7~8월 바다에 수장되거나 지금의 제주공항 활주로 주변에서 집단 학살되어 암매장된 사건을 말한다.[편집자 주]

오름 학살터에서 열린 '섯알오름 예비검속[4] 희생자 합동위령제'에는 제주춤아카데미 단원들과 함께 진혼무를 추었고, 이듬해에는 나 혼자 가서 넋풀이춤을 추기도 했다.

2011년 3월 말에는 일본 오키나와에 가서 세 차례 진혼무를 추었다. 24일은 '제주4·3을 생각하는 오키나와 모임'(한라산회) 주최로 오키나와 현립박물관 대강당에서 김시종 선생(제주 출신 재일교포 시인)의 제주4·3을 주제로 한 강연과 공연이 있었는데, 이 행사에 제주4·3유족회와 함께 초청을 받고 가서 나의 넋풀이춤을 일본인들 앞에서 펼쳐 보였다. 그리고 25일에는 아카지마 섬에서 열린 '아리랑평화음악제'에서 부채산조를 추었고, 26일에는 제주4·3과 오키나와 전투의 희생자들에 대한 합동 위령제(아카지마 주민들이 일본군에 의해 무더기로 총살되어 수장당한 학살터에서 열렸다)에서 제주굿춤을 곁들인 넋품이춤을 추었다.[5]

---

4) 섯알오름 예비검속 사건은 한국전쟁 직후인 1950년 7~8월 경찰이 불순분자로 분류한 민간인 200여명을 당시 모슬포에 주둔 중인 계엄사령부 군인들이 섯알오름 기슭의 옛 탄약고 터에 끌고 가 집단 총살한 뒤 암매장한 사건이다. 그동안은 위령제를 유족들이 형편 때문에 둘로 나뉘어 봉행했는데, 2007년 11월 '진실·화해를 위한 과거사정리위원회'가 예비검속 사건에 대해 진실 규명 결정을 내리면서 학살터 앞에 추모비를 세우고 2008년에 처음으로 합동위령제를 갖게 되었다.[편집자 주]

5) 아카지마(阿嘉島)는 오키나와의 부속섬으로, 일제강점기에 이 섬에는 조선에서 끌려온 종군위안부가 일곱 명 있었는데, 그들은 '남풍장(南風莊)'이라는 위안소에 머물면서 낮에는 고개에 올라가 〈아리랑〉을 부르며 고향을 그리워했다고 한다. 또한 태평양전쟁 말기인 1945년 3월 26일 아침 미군이 이 섬에 상륙하면서 오키나와 전투가 시작되었는데, 이때 오키나와 주민 다수(12만 명으로 추산)가 일본군에 의해 '옥쇄(玉碎: 집단자결)'에 내몰리거나 스파이로 몰려 죽임을 당했고, 조선인 강제징용자와 종군위안부도 집단으로 총살당했다.

2013년 5월 19일, '노무현 대통령 서거 4주기 추모제'가 제주에서는 시청 어울림마당에서 열렸다. '천개의 바람이 되어'를 주제로, 이번에는 정치 행사를 지양하고 도민 참여형 문화 행사로 꾸며졌는데, 수천 개의 노란 추모 풍선으로 둘러싸인 무대에서 나는 〈5월 어느 날〉이라는 이름의 진혼무를 추었다. 억울하게 가신 분의 넋도 그렇지만 그 자리에 참석한 추모객들의 가슴에도 한이 맺혀 있을 터였다. 그 응어리를 어떻게 풀어드릴까? 어떻게 하면 가신 분의 넋을 달래드릴 수 있을까?

나는 자연스레 작년에 돌아가신 아버지를 떠올렸고, 아버지와 대통령님을 겹쳐 생각하며 춤을 추었다. 아버지의 49잿날 영전에서 추었던 넋풀이춤의 기억이 내 몸 곳곳에 스며들어 있었다. 하나의 동작이 또 다른 동작을 끌어내고, 하나의 스텝이 또 다른 스텝으로 이어졌다. 그렇게 동작 하나, 스텝 하나가 내 몸에서 춤사위를 저절로 불러냈다. 그렇게 나는 통절하고 애절하고 간절했다.

이날의 춤은 나의 춤꾼 인생에 아주 뜻깊은 흔적으로 남을 것이다.

2008년 '한라산회'의 전신인 '오키나와 전투를 생각하는 모임'(혼백회)이 '제주4.3' 60주년 행사를 찾아와 4.3유족회와 만나면서 교류가 트였고, 2010년 3월 25일에는 제1회 아리랑평화음악제를 열어 한국인 희생자에 대한 위령제를 함께 지냈으며, 그 후 계속 이어오고 있다. 오키나와는 19세기 말에 일본의 침략으로 식민지가 되기 전까지 450년 동안 류큐 왕국으로 왕조를 유지했으며, 이런 역사를 배경으로 오키나와와 제주도는 변방의 섬나라로서 본토 세력에 의해 탄압받은 아픔을 공유하고 있다.[편집자 주]

아버지의 추억

바람이 분다. 함덕해수욕장을 거닐었다. 하얀 모래가 날린다. 서우봉 기슭의 물빛 고운 바다에 풍덩 뛰어들고 싶다. 에메랄드빛 바다가 무릎까지 걸어 들어가도 차갑지 않다. 여름이면 수영복을 입고 등이 새까매지도록 뛰놀았던 바다다.

어릴 적에 아버지와 손잡고 할머니 집에 갔던 일이 주마등처럼 스친다. 비석거리를 돌아 주택가 골목에 들어섰다. 어린 시절에 보았던 큰 풍낭(팽나무)은 찾을 수 없다. 아련한 추억은 그냥 멈춰 있지 않았다.

아버지는 제주시 조천읍 함덕리가 고향이다. 1927년 10월 11일 3남 1녀 중 둘째 아들로 태어났다. 제주초급대학 국문과를 졸업하고 조선대학교 국문과를 3학년에 중퇴했다. 당시로서는 인텔리에 속했다. 1947년에, 당시 제주 언론의 개척지인 『제주신보』에 입사했다. 그러나 이 신문사가 이듬해에 서청(서북청년회)에 강탈당하자

아버지

퇴사했다가 1951년 8월에 공채를 통해 재입사하여 취재기자로 일했다. 기자생활 중에 억울한 옥살이를 하기도 했다. 5 · 16 이후 언론계를 떠났다가 1970년 『제남신문』 창간에 참여하여 14년 동안 재직하면서 전무이사 · 대표이사 · 사장까지 지냈다.

신문사가 한창 잘 나갈 때는 장학 사업으로 일본 의과대학에 20여 명을 연수시켰다고 한다. '미스 제주 선발대회'를 열어 전통 있는 연례행사로 발전시켰고, '한라봉사상'을 제정하여 지역 사회를 위해 묵묵히 일하는 일꾼들을 발굴했으며, 문화 행사로 '가곡의 밤' '여성 독후감 모집' '바둑대회' '전도야구대회' 등도 열었다. 또, '제주의 향사' '제주의 인맥' '뭍의 제주인' 등의 장기 기획물을 지면에 연재하여 제주도의 역사의식을 재조명하기도 했다. 14년 동안 한 번의 결간도 없이 신문을 발행한 성과로 '한국언론경영인상'을 받기도 했다.

그러나 『제남신문』은 1980년 11월 26일 폐간당하고 말았다. 5공 군사정권에 의해 '一道 一社'를 내세운 언론 통폐합 조치가 내려졌고, 그에 따라 『제남신문』도 속절없이 문 닫고 만 것이다. 예고도 없었고 낌새로 못 챈 상황에서 뒤통수를 맞은 터라, 종간호 인쇄도 못한 채였다. 지령 1,379호였다. 아버지는 '제남신문 종간에 대한 인사 말씀' 서신을 통해 고별인사를 할 때 무척이나 가슴 아파하셨다.

아버지가 언론인으로서 행한 마지막 작업은 2000년에 『허공에 탑을 쌓을 수 없다』라는 책을 펴낸 것이었다. 언론계에 처음 투신한 『제주신보』 시절을 회고하면서, 초창기 제주 언론의 주역 3인—김석호(제주신보 발행인), 김용수(제주신보 편집국장), 박태훈(남양문화방송 창업자)—을 재조명한 책이다. 이 책을 집필하던 당시 아버지는 칠순이 넘은 나이에 당뇨로 인한 눈병까지 얻은 상태였다. 왜 이런 고초에 스스로 뛰어들었는지 궁금한 적도 있었다. 이제 와서 다시 보니 책 '서문'에 아버지가 남기고 싶었던 언론관이 여실하게 담겨 있다.

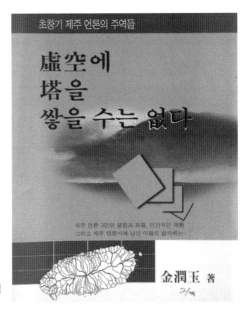

초창기 제주 언론의 주역들

虛空에
塔을
쌓을 수는 없다

제주 언론 3인의 열정과 좌절, 인간적인 애환
그리고 제주 언론사에 남긴 이들의 발자취는…

金潤玉 著

아버지의 책

"필자는 제주 언론사 초창기에 참여했던 자로서, 유일하게 제주의 언론 문화를 열었던 제주신보의 경영·편집의 주역들의 모습을 10여 년 동안 지켜봐 왔다. 그들은 '정론지 제주신보'의 시작이었고 마지막이었으며, 제주 언론의 개척자라고 할 수 있는 인물들로, 그 파란만장한 초창기 가시덤불을 헤쳐 나왔던, 제주 언론사와 제주신보사의 산파역이기도 했다.

필자가 그들과 함께한 10여 년, 그 시대는 언론인들이 반공이데올로기를 앞세운 '간악한 무리들'에 의해 콘크리트 바닥에 내동댕이쳐져 짓밟히기도 했고, 때로는 한밤중에 총살 현장으로 끌려가기도 했던 시대였다. …[중략]… 그들에 의해 짓밟힌 그 시대는 한마디로 제주 언론사에서 '오욕의 역사'라 해도 결코 과장이 아닌, 언론의 암흑시대였다. …[중략]… 이러한 치욕적인 탄압과 일련의 변란을 겪으면서도 제주신보의 경영진이나 편집진들은 결코 굴종하지 않았다. 마치, 일제치하에서 독립투사들이 결코 굴하지 않고 일제와 당당하게 맞섰듯이, 이들 또한 한 치도 물러서지 않고 싸우다가 때로 벼랑 앞에서는 우회하며 잠시 밀렸다가도 다시 딛고 일어서는 등, 그들만의 의연한 자세를 견지하면서 '언론은 사회악과 부조리를 외면하지 않고 과감하게 싸운다.'는 언론인으로서 본령의 사명을 한시도 잊어버린 적이 없었다."

선배 언론인들에 대한 회고와 성찰을 통해 아버지는 언론인으로 살아온 당신 자신의 자부심을 피력하고 싶었는지도 모른다. 쑥스러움을 무릅쓰고 아버지의 글을 좀 길게 인용한 것도, 그런 아버지가 자랑스럽기 때문이다.

아버지는 슬하에 2남 3녀를 두셨다. 나는 아버지가 젊은 기자 시절 칠성통에서 태어났다. 그 후 다섯 살 때 동문시장 안쪽의 남수각 동네에 집을 마련하여 이사를 했다. 내가 중앙극장 무대에 올라 춤을 춤 것이 그 무렵이었다. 그 무용 발표회장에 나를 데리고 갈 때 아버지는 어떤 마음, 어떤 생각이셨을까? 아버지 생전에 미처 물어

보지 못한 의문이 문득 떠오른다. 하지만 이제는 물어볼 수도 없으니, 혹시 저승에서나 만나면 물어볼 수 있으려나.

초등학교 6학년 때 서울에서 열린 '산토끼 무용제'에서 참가할 수 있었던 것도 아버지의 배려와 권유 덕분이었다. 당시만 해도 제주에서 서울 행사에 참가하는 것은 쉬운 일이 아니었고, 그래서 크게 부러움을 사는 일이었다. 어쨌거나 나는 무용제에 참가하여 우수상을 탔다. 그 덕에 중학교에 무용 특기생으로 입학할 수 있었고, 그것이 결국은 나를 평생 춤꾼으로 살게 하였던 것이다.

아버지는 40년 넘게 간질환과 당뇨로 투병하다가 망막박리증으로 수술을 받았다. 실명 위기까지 갔지만 기적적으로 살아났다. 그 후 잦은 병원 치료 때문에 아예 서울로 거처를 옮겨 15년 동안 지냈다. 서울에서 다른 길을 모색했으나, 언론 분야에서 잔뼈가 굵은 분이라 결국은 『화광신문』의 편집국장과 발행인을 맡았다.

그나마 아버지가 조금이라도 오래 버틸 수 있었던 것은 어머니의 극진한 보살핌 덕분이었다. 아버지 자신도 건강을 잘 챙기셨기에 백 살까지는 사실 줄 알았다. 내가 암투병을 할 때도 제일 먼저 걱정해주지 않았던가.

내가 겪는 고통만 생각하고 아버지에 대해서는 걱정도 별로 못했다. 이 고비만 넘기면 아버지한테 더 가까이 다가가 모시리라 생각했다. 그러나 아버지는 오래 기다려주지 않았다. 2012년 10월 14

일, 86세를 일기로 이승을 떠나셨다. 어느 날 갑자기 병이 깊어지더니, 어떻게 하라는 말도 남기지 못하고 그냥 눈을 감아버렸다. 그렇게 가실 줄 알았더라면 내가 1년만이라도 모실 것을. 후회한들 무얼 하나, 지금은 가고 안 계신 것을. 평생 아버지한테 의지만 하고 걱정만 끼치면서 살아온 내가 바보였다. 마음에 짐만 안겨드렸다

아버지는 생전에 나의 춤 관련 기사를 스크랩해두면서 자랑스러워하셨다. 나중에 아버지 손으로 책을 만들어주겠다는 말씀도 하셨다. 그렇게 나를 부추기며 꿈을 키워주었다. 나도 아버지가 책을 만든 다음에야 세상을 등질 줄 알았다.

아버지는 양지공원에 모셨다. 49잿날 여동생이 음식을 차리고 무용 제자들이 참석했다. 절에서 49재를 올리고 싶었으나, 형제간의 종교가 달라 나만 고집하기가 어려웠다. 엄숙하게 양지공원 제단 위에서 제를 올리며 최선을 다해 후회 없는 의식을 치렀다. 놀이꾼 고영일이 하늘로 보내는 글을 낭독하고, 제주춤아카데미 단원들과 큰딸 서영이가 함께 진혼무를 추었다. 마지막 순서는 내가 마무리했다. 나의 특기인 독무 넋풀이춤을 통해 아버지를 서천꽃밭으로 평안히 모셔드렸다.

만감이 교차했다. 아버지 손에 이끌려 시작한 춤이었다. 반세기 넘게 쌓아온 춤의 세계를 아버지의 영전에 제물처럼 바친 셈이다.

내가 아버지한테 드릴 수 있는 마지막 선물이었다. 내가 할 줄 아는 게 춤뿐이어서, 그 춤으로 보답한 것이다. 몇 년이 지난 지금 생각해도, 이제까지 살아오면서 내가 펼친 최고의 춤이 아니었나 싶다.

나도 언젠가 죽어서 저승으로 가면, 그곳 서천꽃밭에서 아버지가 웃는 얼굴로 나를 반갑게 맞아줄 것만 같다.

제주 민속무용의 개척자, 송근우[*1]

예술이 오늘날처럼 대접을 받기 시작한 지는 그렇게 오래되지 않

는다. 1950, 60년대에도 일부 장르는 '딴따라' 또는 '광대'라는, 다

소 폄하의 의도가 담긴 낱말로 상징되었고, 무용도 물론 여기서 예

외가 아니었다. 그 시대에는 아예 무용을 예술이 아닌, 무당 또는

기녀들의 춤으로 인식하는 사람도 부지기수였다.

　　1950년대, 60년대의 제주에서도 그것은 마찬가지였다. 제주는

---

[*] 이 글은 김병택 교수의『제주 예술의 사회사(상권)』(제주대학교 탐라문화연구소, 2010)에
　　실린 것이다. 여기에 재수록하여, 송근우 선생님에 대한 김희숙의 존경과 그리움을 되새
　　기려 한다.[편집자 주]

1) 송근우(1930~1980): 제주도 서귀포시 표선면 가시리에서 태어나 대전사범학교를 졸업하
　　고 국립무용단장을 지낸 송범에게 사사를 받았다. 그는 안병찬무용연구소와 한국무용연
　　수원을 수료한 후, 초등학교 교사를 거쳐 제주여자중고 교사로 재직하면서 제주 민속무용
　　의 개척자 역할을 수행했다. 1956년에는 문총제주도지부 무용분과위원으로, 1962년 예총
　　제주도지부가 결성된 후 7, 8, 9, 11대의 부지회장으로 활동했고, 한국무용협회 제주지부
　　장, 제주민속예술단장, 제주시문화재위원회위원, 제주도문화재전문위원, 제주민속무용단
　　장 등을 역임했다. 1976년 5월에는 제15회 향토문화공로상(문화개발부문, 문화공보부 장
　　관상)을, 이후에는 제주도 민속무용을 한국 최고의 수준으로 끌어올린 공로로 대통령상을
　　수상했다. 1980년 4월 27일 불의의 사고로 자택에서 타계했다.

무용의 불모지, 더 나아가 예술의 불모지라고 해야 할 정도로 예술과는 동떨어진 섬이었다. 송근우(宋根宇)는 예술의 불모지인 제주에 민속무용의 씨를 뿌린 민속무용가인 동시에 민속무용 지도자였고 1960년대의 제주를 예술의 섬으로 만드는 데에 공헌한 예술가였다. 그는 제주민속예술단을 조직하여 제주 민속무용을 전국에 알렸고, 어린 제자들의 예술혼을 북돋우고 키웠으며, 새로운 춤의 세계를 보여주었다.

다음은, 송근우의 제주여자중고등학교 재직 시절 제자였던 중견 무용가 김희숙의 회고 내용이다.

♣

체계적인 무용 수업을 기대하기 힘들었던 시절, 선생님은 1964년 4월에 제주여중고 무용부원을 주 구성원으로 하는 제주민속예술단을 조직하셨다. 제주민속예술단은 곧바로 전국대회에 진출했고, 1964년에 열린 제5회 전국민속예술경연대회에서 장려상을 받은 것을 시작으로 제주의 대표적 민속무용단으로서의 입지를 점차 굳혀가기 시작했다.

제주민속예술단은 1966년에 열린 제7회 대회에서 풍요를 기원하는 농경의례 큰굿을 작품화한 〈세경놀이〉로 공보부장관상을 수상하면서 제주 민속무용의 우수함을 전국에 널리 알렸다. 그리고 이듬해에 열린 제8회 대회에서 제주민속예술단은 〈영감놀이〉로 대통령상을 수상했는데, 이는 제주도민 모두에게 영예와 기쁨을 동시에 안겨준 문화적 사건이었다. 민속무용에 대해 조금이라도 관심이 있는 사람들은 모두 제주민속예술단의 실력에 찬사를 보냈다. 나는 당시의 모든 언론이 표명한 관심과 극찬, 온 도민이 한마음으로 기뻐했던 모습을 지금도 뚜렷이 기억하고 있다.

제주 민속무용의 위상은 1968년 제9회 대회에서 〈영등굿놀이〉로 국무총리상을 수상하고, 1969년 제10회 대회에서 〈해녀놀이〉로 문화공보부장관상을 수상한 이후에 한층 더 높아진다. 아울러 문화예술의 불모지에서 문화예술을 탄생시킨 선생님의 제주 민속무용은 많은 사람들의 주목의 대상이었다.

전국적으로 유명세를 치른 제주민속예술단은 국제문화협회의 초청으로 전국시도 순회공연의 기회를 확보하기에 이른다. 다시 한번 손끝으로 제주 민속무용의 희망을 노래할 수 있는 기회를 마련하게 된 것이다. 당시 선생님은 〈말뛰기놀이〉〈해녀놀이〉〈장구춤〉 등의 제주 민속무용과 스페인 춤 등을 준비하셨고, 공연의 초점을 제주 고유의 진귀한 예술세계를 전국에 소개하는 데에 두셨다. 그 공연의 중요성을 누구보다도 잘 아는 선생님은 제주 민속무용의 완성을 위해 가일층 더 노력하셨고, 그러한 방법으로 제주 사랑을 실천하셨다. 제주 사랑을 춤에 담고자 애쓰셨던 선생님의 고집스러움, 그것은 바로 우리로 하여금 선생님을 늘 기억하게 하는 또 하나의 이유일 것이다.

선생님이 이끄는 제주민속예술단은 꾸준히 온 도민의 사랑을 받았다. 당시의 귀향 공연에서는 도민들의 뜨거운 성원과 열렬한 환호가 그 어느 공연에서보다 더 컸으며, 이에 따른 단원들의 흥분은 오랫동안 지속되었다. 선생님이 만드는 제주 민속무용은 그렇게 제주사람 모두에게 또 하나의 희망이었다.

제주 민속무용에 대한 선생님의 열정으로 계속 승승장구하던 제주 민속무용계에도 위기가 찾아왔다. 1967이었다. 제주도예술단 단원인 우리는, 〈영감놀이〉가 제8회 전국민속예술경연대회에서 종합최우수상인 대통령상을 수상한 이후, 재일동포들을 위한 대대적인 일본 공연을 준비하고 있었다. 그런데 예기치 않은 일이 벌어졌다. 제주도민의 恨인 4 · 3의 이념 대립과 관련하여, 먼 일가친척이 조총련계에 속해 있다는 이유로 신원 조회에 걸려 출국을 할 수 없게 된 단원들이 하나둘 늘어나게 된 것이다. 밤낮으로 피땀을 흘리며 공연을 준비해온 단원들에게 공연의 무산은 크나큰 시련으로 받아들여졌다. 제주 민속공연을 기다렸던 재일동포들에게도 그것은 안타까운 일이었다.

제주 민속무용이 있는 곳에 늘 선생님이 계셨다. 그중에서도 그 어떤 대회보다 더 열과 성을 다해 준비했던 '동백제'(제주여중고 예술제)에서의 공연을 나는 아직도 잊을 수 없다. 예술제의 백미라 해도 과언이 아닐 만큼 많은 관심을 받았던 무용 공연에서, 당시 선생님은 고전무용인 〈가신 님 그리워〉를 고진숙 학생과 함께 열연, 갈채를 받았다. 선생님은 이처럼 항상 학생들과 함께, 뜨거운 박수의 중심에 서 계셨다. 당시 우리는 참으로 많은 날의, 늦은 저녁까지 이어지는 연습으로 차가운 도시락을 먹어야 했고, 겨울철에는 연습하기 전에 먼저 언 손과 발을 입김으로 녹여야 했다.

선생님은 평생을 춤과 함께했고 가정을 돌볼 틈도 없이 제주섬 곳곳에 예술혼을 뿌리셨다. 초등학교 교사 자격증밖에 없어서 시간 강사, 조건부 강사, 임시 교사 등의 직위도 마다치 않고 무용을 배우고자 하는 학생이 있는 곳이면 어디든 달려가 장구채를 잡으셨다. 무용에 관한 열정으로 그렇게 미친 듯 살아온 선생님에게 삶은 너무나 힘든 시간의 연속이었던 같다. 그러던 어느 날(1980년 4월 27일), 아무런 예고도 없이 선생님은 갑자기 우리 곁을 떠나신 것이다. 50년 생애는 당신의 예술세계를 마음껏 펼치기에는 턱없이 짧은 기간이었다. 평소 젊고 건강하셨던 선생님의 타계는 오랫동안 우리를 허허롭게 만들었고, 제주 민속무용계는 대부를 잃은 것과 다름없었다.

선생님의 업적에 대해 말할 때마다 나는 다른 사람의 그것에 대해 말하는 때보다 훨씬 편안한 느낌을 갖는다. 왜냐하면 워낙 이루어낸 업적이 굵직굵직하고, 당시 함께했던 많은 사람들이 아직도 그것을 생생하게 기억하고 있기 때문이다. 이렇게 선생님의 손끝에 서린 예술의 혼과 몸을 휘감은 제주 민속무용에 대한 열정은 누구와도 비교할 수 없을 정도였다.

노래하는 사람은 '소리'로, 무용하는 사람은 '몸'으로 세상을 이야기한다. 그런데 무용가인 선생님은 떨어질 듯해도 떨어지지 않고 꺾일 듯해도 꺾이지 않는 아찔한 그의 손끝으로 제주 민속무용을 만들어내셨다. 예술 환경이 척박했던 시절, 외롭고 힘들었을 제주 민속무용의 길을 선생님은 당신의 독자적인 노력으로 개척하셨다. 나는 감히 송근우 선생님을 '제주 민속무용의 창시자'라고 부르고자 한다. 한국무용을 전공하지 않았음에도 불구하고, 선생님은 신무용과 한국무용을 교묘하게 조화시켜 제주 고유의 아름다운 무용을 창조하셨다.

선생님은 민속무용으로 제주를 알리고, 민속무용으로 제주의 희망을 표현하셨다. 제주의 한과 혼이 깃든 선생님의 춤사위는 제주섬을 노래했다. 선생님은 늘 춤동작 하나하나에도 표정이 있어야 함을 강조하셨다. 선생님은 몸과 표정이 혼연일체가 되는 무용을 완성할 때까지 연습에 연습을 거듭하게 하셨다. 제주의 모습을 꼭 닮은 제주 민속무용은 선생님의 그러한 노력으로 완성되었다고 나는 단언할 수 있다.

■ 주요 공연 작품 목록

년	월	일	제 목	주 최	발표 장소
2017	09		탐라문화제—물숨	민예총	관덕정
2017	04		제주도민체전 개막식 축하 공연	제주도	종합경기장
2016	10		제주 월드 뮤직 오름 페스티벌	세계자연유산 센터	수목원
2016	10		우도동굴음악회	제주시	우도
2016	12		창작시극 & 질치기 — 설문대할망	민예총	설문대여성문화 센터
2015	12		2015 제주 굿 페스티벌	산자부	국립제주박물관
2015	2		탐라 입춘굿	민예총	관덕정
2015	10		광주 U대회 성화봉송 축하 공연	제주시체육회	성산포
2015	10		제주목관아 작은 음악회	제주도음악협회	제주목관아
2015	12		〈춤, 제주에 스며들다 —탐라, 그 황홀한 바람〉	제주춤 아카데미	설문대여성문화 센터
2014	2		탐라 입춘굿	민예총	관덕정
2014	9		삼성신화 거리축제 〈동화2—영계 울림〉	2도동주민 자치센터	삼성혈
2014	10		국제마라톤축제, 제주수목원 국악 콘서트	제주도	수목원
2014	5		전국체전 축하 공연	제주도	종합경기장
2013	9		오작교 거리 축제	제주도	삼도동
2013	11		굿 EXPO	산자부	제주국립박물관

년	월	일	제 목	주 최	발표 장소
2013	9		제주수목원 국악콘서트	제주도	수목원
2013	2		탐라 입춘굿	민예총	관덕정
2013	9		삼성신화 거리축제	2도동주민 자치센터	삼성혈
2012	6		〈동화1-춤, 제주에 스며들다〉	제주춤 아카데미	제주문예회관
2012	6	16	용연선상음악회	제주시	제주시 용연일대
2012	5	30	김희숙의 제주춤 일구기 작업1 〈동화〉	(사)전통문화 포럼	제주문예회관 대극장
2012	3	23	오키나와 아카지마 섬 축제 춤 공연		아까지마 섬 일원
2003	5	14~ 15	용연야범 재현축제 (출연)	제주시	용연계곡, 제주 목관아
2003	8	6	아이들 손끝, 발끝으로 열리는 세상 (안무)	제주춤 아카데미	한라아트홀 대극장
2002	12	5~8	오페라 〈백록담〉 (안무)	제주시	제주문예회관 대극장
2002	6	5	한일월드컵 공동예술제(PAC2002) 가무극 〈바람 부는 섬에 꽃향기 날리고〉(안무 및 출연)	PAC2002 한국실행위원회	도쿄 예술극장 중극장
2002	5	25~ 26	한일월드컵 공동예술제(PAC2002) 가무극 〈바람 부는 섬에 꽃향기 날리고〉(안무 및 출연)	PAC2002 일본실행위원회	서울 문화일보홀
2002	5. 30	~6.6	제주 해녀 축제 (출연)	제주도, 제주월드컵대회 범도민후원회	우도 해녀마을

년	월	일	제 목	주 최	발표 장소
2001	8	10~11	한일월드컵 공동예술제(PAC2002) 프레 공연 —가무극 〈바람 부는 섬에 꽃향기 날리고〉(안무 및 출연)	PAC2002 일본실행위원회	일본 오키나와 구지카와 시민 예술극장
2001	4	22	아이들 손끝, 발끝으로 열리는 세상 (안무)	제주춤 아카데미	제주관광 민속타운
2000	11	18	김희숙 제주 굿춤 (안무 및 출연)	제주춤 아카데미	크라운프라자 호텔
2000	5	31	〈탐라의 초성—어머니의 이름으로〉 (안무 및 출연)	제주어명 무용단	제주문예회관 대극장
2000	5	26	대구시립무용단 · 제주도립예술단 교류 합동 공연—〈일이여, 놀이여, 춤이여–봄〉(안무)	대구시립예술단, 제주도문화진흥원	제주문예회관 대극장
2000	4	28	제주도립예술단 창단 10주년 기념 제20회 정기공연 〈생불화〉(안무)	제주도 문화진흥원	제주문예회관 대극장
1999	12	19	〈탐라의 초상—어머니의 이름으로〉 (안무 및 출연)	제주어명 무용단	제주관광 민속타운
1999	11	26	제19회 제주도립예술단 정기 공연 〈바다의 침묵 탐라의 맥박〉(안무)	제주도 문화진흥원	제주문예회관 대극장
1999	7	30	제18회 제주도립예술단 정기 공연 〈일이여, 놀이여, 춤이여〉(안무)	제주도 문화진흥원	제주문예회관 대극장
1999	3	30	제주도립예술단 특별 공연 〈시와 음악과 무용의 만남〉(안무)	제주도 문화진흥원	제주문예회관 대극장
1998	12	3	1998년 창작무용제 (총연출)	한국무용협회 제주도지회	제주문예회관 대극장

년	월	일	제 목	주 최	발표 장소
1998	11	27	제17회 제주도립예술단 정기 공연 〈서천꽃밭〉 (안무)	제주도 문화진흥원	제주문예회관 대극장
1998	7.18	~ 8.12	제주세계섬문화축제 주제 공연 14회 (안무)	제주도	제주세계섬 문화 축제 특설무대
1999	7		제1회 제주섬문화축제 〈큰산 너른 바당〉 (안무)	제주도	섬문화축제장
1998	6	13~ 17	인도네시아 발리예술제 초청 공연 (안무)	제주도	발리
1998	6	11	제16회 제주도립예술단 정기 공연 〈한라영산, 신명, 너른바당〉 (안무)	제주도 문화진흥원	제주문예회관 대극장
1998	4	12~ 15	중국 해남성 건성 10주년 축하 공연(안무)	제주도	중국 해남성
1998	11	8	제주어멍무용단 창단 공연(안무)	제주어멍 무용단	제주문예회관 대극장
1997	12	20	제15회 제주도립예술단 정기 공연 〈하늘의 울음 땅의 소리〉 (안무)	제주도 문화진흥원	제주문예회관 대극장
1997	6	28	제14회 제주도립예술단 정기 공연 〈산호수의 전설〉 (안무)	제주도 문화진흥원	제주문예회관 대극장
1996	12	21	제13회 제주도립예술단 정기 공연 〈무속악의 어울림/자청비전〉 (안무)	제주도 문화진흥원	제주문예회관 대극장
1996	8	19~ 30	아시아 · 태평양 영화제 제주 홍보 5개국 공연 (안무)	제주도	뉴질랜드
1996	7	21	제4회 여름 야외 이벤트 (안무 및 총연출)	한국무용협회 제주도지부	제주해변공연장 (탑동)

년	월	일	제 목	주 최	발표 장소
1996	4	27	제12회 제주도립예술단 정기 공연 〈삼다도 이야기〉(안무)	제주도 문화진흥원	제주문예회관 대극장
1996	7	13	제주어멍무용단 공연 〈舞〉(안무)	제주어멍무용단	제주해변공연장 (탑동)
1995	12	16	제11회 제주도립예술단 정기 공연 〈사또놀이〉(안무)	제주도 문화진흥원	제주문예회관 대극장
1995	10	18	전국시도립무용제 〈오돌또기〉(안무)	제주도	대구문예회관
1995	10	7	아시아·태평양 섬의 민속축제 (발리 민속예술단 합동공연)	제주도	발리
1995	8	13	광복50주년 경축 특별공연 무용극 〈함성〉(안무)	제주도 문화진흥원	제주문예회관 대극장
1995	5	18	제10회 제주도립예술단 정기 공연 〈오돌또기〉(안무)	제주도 문화진흥원	제주문예회관 대극장
1994	12	10	제9회 제주도립예술단 정기 공연 〈탐라세시기〉(안무)	제주도 문화진흥원	제주문예회관 대극장
1994	11	4~6	일본 사가현 예술제 초청 공연 (안무)	제주도	일본 사가현
1994	10	4	제33회 한라문화제 무용제 (안무 및 지도)	한국예총 제주도지회	제주해변공연장 (탑동)
1994	9	5	제3회 전국무용제 제주무용단 〈신들의 유희〉(안무)	한국문화예술 진흥원, 한국무용 협회	광주문예회관 대극장
1994	6	9~ 14	인도네시아 발리 예술제 초청 공연 (안무)	제주도	발리

년	월	일	제 목	주 최	발표 장소
1994	5	25~29	'94 싱가폴 J.C.I. 아태대회 초청 공연	제주도	싱가포르
1994	4	30	제8회 제주도립예술단 정기 공연 〈제주굿놀이/ 풍물모음굿놀이〉 (안무)	제주도 문화진흥원	제주문예회관 대극장
1994	4	2	Vision 2001 한국의 춤 초청 공연 〈무속의 군무〉 (안무)	한국무용협회 대구시지회	대구문예회관 대극장
1993	12	4	제7회 제주도립예술단 정기 공연 〈설운아기 배꼽덕〉 (안무)	제주도 문화진흥원	제주문예회관 대극장
1993	10	3~6	'93 전국시립무용단 무용제 〈산방덕이〉 (안무)	한국무용협회	국립중앙극장 대극장
1993	10	10	제32회 한라문화제 무용제 (안무 및 지도)	한국무용협회 재주도지회	제주문예회관 대극장
1993	5	22	제6회 제주도립예술단 정기 공연 〈김녕사굴제/ 연물과 사물의 만남〉 (안무)	제주도 문화진흥원	제주문예회관 대극장
1993	2	25	제14대 대통령 취임 경축 공연	제주도	제주문예회관 대극장
1992	12	10	제5회 제주도립예술단 정기 공연 〈산방덕이〉 (안무)	제주도 문화진흥원	제주문예회관 대극장
1992	6	10~17	인도네시아 발리 예술제 초청 공연 (안무)	제주도	발리
1992	6	4	제4회 제주도립예술단 정기 공연 〈제주판굿〉 (안무)	제주도 문화진흥원	제주문예회관 대극장
1992	5	21~24	제42차 J.C.I. 아·태대회 일본 초청 공연 (안무)	제주도	동경 문화회관

년	월	일	제 목	주 최	발표 장소
1992	12	22	'92 춤의 해 폐막제 〈한라에서 백두까지 하나되는 춤으로〉 (안무)	한국무용협회 제주도지회	제주문예회관 대극장
1992	10	23	제31회 한라문화제 무용제 (안무 및 지도)	한국예총 제주도지회	제주문예회관 대극장
1991	12	22~ 23	제3회 제주도립예술단 정기 공연 〈만덕송가〉 (안무)	제주도 문화진흥원	제주문예회관 대극장
1991	10	21~ 29	제주 관광 홍보단 일본 4개 지역 순회 공연 (안무)	제주도관광협회	일본 동경 외
1991	10	5	전국 시도립 무용제 〈생불화〉 (안무)	한국무용협회	국립중앙극장 대극장
1991	9	27	유엔 가입 경축 및 한라문화제 무용제 〈생불화〉 (안무)	한국예총	제주문예회관 대극장
1991	5	15~ 21	제41차 J.C.I. 아·태대회 필리핀 초청 공연 (안무)	J.C.I 제주연합회	필리핀
1991	4	30	제2회 제주도립예술단 정기 공연 〈입춘굿놀이/ 영감놀이〉 (안무)	제주도 문화진흥원	제주문예회관 대극장
1991	4	19	고르바초프 소련 대통령 방한 환영 공연 (안무)	제주도	제주신라호텔
1991	2	29	'92 춤의 해 개막제 제주무용단 〈해녀춤〉 (안무)	'92 춤의 해 운영위원회	국립극장 대극장
1990	8	30	제주도립예술단 창단 공연 〈무용극 생불화〉 (안무)	제주도 문화진흥원	제주문예회관 대극장

제2마당

제주춤 60년

섬, 춤을 품다
— 제주 무용 약사(略史)

김 동 현(문학평론가)

1. 시간의 몸짓, 춤

춤은 오랫동안 우리와 함께했다. 최초의 언어는 몸이었다. 태어나 어미의 품에 안겨서 간절하게 움직였던 몸의 기억. 그것은 신생(新生)의 몸짓이자 말이었다. 오로지 몸으로 만드는 울음이었다. 신들의 세계에서 쫓겨난 이래로 인간은 몸짓으로 신을 향했다. 몸은 신과 인간을 잇는 언어였다. 허공을 가르는 몸짓은 하늘을 지향하지만 끝내 땅으로 돌아올 수밖에 없는 운명의 폐곡선이었다. 그 숙명 속에서 인간은 울었고 절망했다. 몸짓은 그 슬픈 운명을 손끝에 담아 올리는 제의였다. 그것은 때론 환희였다. 대지를 가득 적시는 충만한 기쁨이었다. 땀 흘려 땅을 일궈야 하는 존재들이 온몸으

로 내지르는 환호성이었다. 그 충일함으로 그려낸 선(線)이었고 시
간이었다. 흐름이었으며 울림이었다. 맺힘이며 풀림이었다. 몸으로
그려낸 시간이었다.

2. 섬, 처음의 몸짓

탐라 개국은 바다를 건너온 일본국(벽랑국이라고 한다) 공주와 고
량부의 혼인으로 시작되었다. 그들은 혼인을 하고 활을 쏘아 터를
잡았다. 고려사와 탐라지 등의 기록은 사냥을 하며 살던 고량부가
어느 날 바다에 떠 있는 목함(木函)을 열면서 세 공주와 만난다고 적
고 있다. 상자에는 공주와 함께 망아지, 송아지, 오곡의 씨앗이 들
어있었다. 고량부와 세 공주의 만남은 남과 여, 토착과 이주, 수렵
과 농경이라는 서로 다른 시공간이 하나가 되는 순간이었다. 문명
은 태초의 합일(合一)에서 비롯되었다.

삼성신화를 전하는 옛 기록은 간결하면서도 의미심장하다. 땅에
서 솟아난 고량부의 신이(神異)는 한 세상의 시작을 알리는 건국신
화로서도 손색이 없다. 바다를 건너온 세 공주와의 결합은 탐라가
자족적이며 폐쇄적인 공동체가 아님을 보여준다. 닫혀 있으면서 동
시에 열려 있는 곳. 그것이 탐라의 선인들이 간직했던 세계 감각이
었다. 수렵의 세계에 만족하지 않고 농경의 세계로 나아가는 모험

을 선택했다는 경이로운 조화가 탐라 신화에 담겨 있다. 활을 쏘아 터를 잡았다는 것 또한 의미가 깊다. 새로운 문화를 스스럼없이 받아들이지만 그것은 새것에 대한 맹목이 아니었다. 무조건적인 추종이 아니라 '지금—여기'에서 자신들만의 삶의 문법으로 치환하는 역동이었다.

삼성신화의 행간에는 힘찬 역동의 에너지가 가득하다. 탐라를 만들어낸 힘이 바로 거기에 있다. 한처음을 말하는 모든 신화가 그러하듯이 이야기는 말과 몸짓으로 이어졌다. 제주 무가는 그 질긴 전승의 현재를 말하는 살아 있는 증거이다. 탐라의 건국신화가 마을 설촌의 당본풀이를 바탕으로 하고 있다는 점은 주지의 사실이다.[1] 큰굿은 이야기와 노래와 몸이 하나가 되어 펼치는 탐라의 기억이었다. 큰굿에는 제주 민중들의 예술적인 감각이 총망라되어 있다. 제주 굿을 한 번이라도 본 사람이라면 굿의 여러 제차 중에서 수많은 예술 장르를 확인할 수 있다. 본풀이에는 근대적 서사 장르의 폐쇄성을 훌쩍 뛰어넘는 웅장한 서사의 깊이가 담겨 있다. 그렇기에 제주의 많은 작가들은 제주 무가를 근대 소설의 문법으로 녹여내 왔다. 대표적인 예가 바로 현기영의『목마른 신들』이다. 이 작품은 '늙은 심방'을 화자로 내세워 "토착의 뿌리"가 "무참히 뽑혀나가"는

---

1) 제주도 · 제주전통문화연구소, 『제주도 큰굿 자료집—1994년 동김녕 문순실댁 중당클굿』, 2001.

개발만능주의에 대해 통렬한 비판을 가하고 있다.

> (…) 개명된 시대라고 이제는 그런 큰굿을 해달라고 청하는 이가 거의 없다시피 되어버린 것이다. 천한 심방질로 먹고사는 나 같은 사람이야 시속에 따라갈 수밖에 없지만, 허나 다른 굿은 차치하고라도 마을 축제다. 섬 하늘엔 십분 간격으로 핵미사일같이 생긴 비행기들이 요란한 폭음을 터뜨리며 날아들고 당굿마저 없어지다니 정말 너무하다는 생각이 든다. 마을 공동체가 무너지고 있는 것이 섬 땅엔 아스팔트 길 위로 관광객을 실은 호사한 자동차 행렬이 종횡무진 꼬리 물고 내달리는 판국인데, 어디 한갓진 구석이 남아 있어 신이 깃들 것인가. 토착의 뿌리는 무참히 뽑혀나가고 있다. 토착의 신들도, 토착의 인간들도.

현기영이 심방을 전면에 내세우면서 개발의 포클레인 앞에서 사라지는 로컬리티의 상실을 말하는 이유는 단지 개발의 폭력을 고발하기 위함이 아니다. 이 소설은 굿이라는 제의를 통해 제주 4·3의 가해자를 응징하는 '문학적 보복'의 정수를 보여준다. 4·3 당시 희생당한 어린 소년의 넋을 대신하여 심방은 서청으로 토벌의 전면에 섰던 이의 책임을 추궁한다. 공교롭게도 희생자의 영혼이 빙의한 대상은 그의 손자다. 가해자의 후손에게 씌인 희생자의 억울한 영혼. 그 영혼을 달래기 위해 심방에게 큰굿을 의뢰하고 굿이 벌어지는 도중에 감춰져 있던 가해의 책임이 드러나는 플롯의 전개는 근대적 합리성의 세계에서는 불가능한 비근대적 응징을 보여준다. 그것은 근대적 합리성으로는 성취할 수 없는 카타르시스인 동시에 근대의 모순을 돌파하는 로컬적 상상력의 극한이다.

과거사 청산에서 핵심은 진상 규명, 가해자 처벌, 피해자에 대한 위령과 합당한 배상이다. 제주4 · 3특별법 제정 이후 진상 규명의 법제화가 가능해졌다. 하지만 여전히 책임자 처벌과 피해자에 대한 배상은 요원하다. 국회에 제출된 제주4 · 3특별법 개정안에서도 배상 문제는 배보상이라는 단어로 모호하게 가려져 있다. 명백한 불법 행위로 인한 피해에 대해서 국가는 배상 책임을 져야 한다. 진사 규명보고서와 최근 수형인에 대한 사법부 판단에서도 확인할 수 있듯이 제주 4 · 3은 명백한 국가 폭력이다. 불법적 행위에 대해 책임을 져야 할 국가가 '배상' 문제의 법제화에 소극적인 이유는 근대의 합리성 체계가 지닌 근원적 모순을 잘 보여준다.

『목마른 신들』은 전근대적 미신으로 치부되었던 '굿'을 전면에 내세우면서 근대/전근대의 이분법적 폭력을 거부한다. 문명과 야만의 위계가 전복되는 순간, 가해자의 책임 추궁이 비로소 가능해진다. 개발이 문명이며 토착이 야만이라는 발전지상주의가 사실 또 다른 국가 폭력의 다른 이름이라는 관점은 굿을 비문명 혹은 전근대의 산물이 아니라 근대의 모순을 내파(內破)하는 힘으로 상정한다. 그렇기에 현기영은 "야금야금 먹성 좋은 육지 부자들의 입으로 들어" 가는 "섬 땅"의 고통을, "4·3의 수만 원혼이 잠들지 못하고 엉겨 있는", "섬 땅"의 "학살"을 정면으로 응시할 수 있다.

4·3과 개발, 그 폭력의 변주를 '굿'이라는 지역적인 양식으로 대결하는 이 소설에서 가해자에 대한 응징은 말과 몸짓으로 구현된다. 굿은 민중적 저항의 원초적 힘을 내재한 오래된 역사로 기억된다. 굿이 제주적인 이야기와 몸짓의 구현 양식임을 말하고 있는 이 작품에서 볼 수 있듯이 제주의 기원을 말하기 위해서는 제주 무속을 먼저 말하지 않으면 안 된다. 제주 큰굿에서 심방의 사설과 몸짓은 그 자체로 하나이며, 제주의 문화, 제주적인 상상이 재현되는 시작이다.

흔히 한국 춤의 기원을 고구려 동맹, 부여 영고, 예의 무천 등 고대 제의에서 바라보기도 한다는 점을 염두에 둔다면 제주 무용의 시작 역시 바로 제주의 굿이다. 전통적 제주 무용의 재현을 고민하던 많은 사람들이 제주의 굿에 관심을 가진 이유도 바로 여기에 있다. 삼성신화가 섬의 폐쇄성을 극복하고 무한히 팽창하는 역동적 상상력으로 가득 차 있는 이유도 역시 그 때문이다. 그 기억의 전승의 자리에서 제주의 몸짓이 시작되었다. 태초에 말씀이 있었듯이 탐라, 그 한처음의 시작, 거기에 몸짓이 있었다.

3. 섬, 풀림과 살림의 몸짓

한국 근대무용의 역사를 다룬 연구에서 지적하듯이 한국 무용은 한국적 전통과 근대적 양식의 길항을 바탕으로 탄생하였다. 제주 역시 마찬가지다. 제주 무용의 역사를 이야기할 때 흔히 이야기되는 탐라순력도의 궁중정재와 풍류의 양식 역시 지역과 중앙의 소통을 바탕으로 시작되었다. 탐라순력도의 '귤림풍악(橘林風樂)' '고원방고(羔園訪古)' '대정양로(大靜養老)' 등은 궁중정재 양식이 제주 지역에서도 다양한 방식으로 구현되고 있었음을 보여준다.[2] 궁중무용 양식만이 아니라 각종 연희에서 제주 무용의 원초적 형태를 짐작하게 하는 사례들도 함께 있었다. 이원진의 『탐라지』에 언급된 영등굿이 바로 그것이다. 『탐라지』에는 다음과 같은 대목이 적혀 있다.

매년 정월 초하루부터 보름날까지 남녀 무당이 주신을 모시는 기를 함께 받들고 역귀를 쫓는 행사를 벌이면서 징과 북을 앞세워서 마을을 나들면, 마을 사람들이 다투어 재물과 곡식을 내어 제사한다. 또 2월 초하룻날 귀덕 · 김녕 등지에서는 나무 장대 열두 개를 세워서 신을 맞아 제사를 지낸다. 애월 사람들을 떼 모양을 말머리처럼 만들고 비단으로 곱게 꾸며서 약마희를 벌여 신을 즐겁게 하였다. 보름날이 되면 마쳤는데, 그것을 영등이라고 하였다. 이달에는 배 타는 것을 금하

---

2) 채형지, 「제주도 무용문화의 소멸적 현안에 대한 인식과 극복을 위한 방안 모색」, 세종대학교 박사논문, 2010.

였다. 또 봄·가을로 남녀가 광양당과 자귀당에 무리로 모여 술과 고기를 갖추어서 신에게 제사한다.[3]

『탐라지』에서는 이 대목을 '음사를 숭상한다'라고 설명하고 있다. 유학을 신봉했던 이원진에게 '주신'을 받들고 '역귀를 쫓는' 모든 일들이 괴력난신(怪力亂神)의 난장이었을 것이다. 하지만 탐라의 민중들에게 영등은 한 해의 무사안녕을 바라는 염원이자, 자연의 섭리에 대한 지극한 경외였다. 사면이 바다로 둘러싸인 섬의 생활이란 건듯 부는 바람마저도 예사로 대해서는 안 되었다. 바람은 파도를 불렀다. 거세게 몰아치는 파도는 흡사 하얀 갈기를 흔들며 달려드는 사자 떼 같았다. 사자 떼의 이빨은 섬을 물어뜯고 섬사람들을 찢어발기는 실체적 위협이었다. 바람은 목숨이었다. 바람을 모르고서는 삶을 이어갈 수 없었다.

바람은 섬 바깥에서 불어와 섬을 경유하고 섬을 통과했다. 시작은 어디인지 몰랐으나 오고가는 바람의 길은 오랜 경험으로 알고 있었을 터였다. 해마다 정월이 되면 탐라의 큰심방들이 신을 받드는 커다란 깃발을 든다. 심방들만이 아니었다. 탐라섬의 민중들이 앞서거니 뒤서거니 거들었다. 징과 북이 빠질 수 없다. 소리가 있으니 몸짓은 당연하다. '나무 장대 열두 개를 세워서' 신을 맞는다. 사

---

3) 이원진, 김찬흡 외 역, 『역주 탐라지』, 푸른역사, 2002.

람들의 손에는 저마다 기다란 대나무 가지가 들려 있다. 몸짓이 기원이자, 염원이 되어버린 사람들. 그것은 탐라의 몸짓이었다. 소리와 몸, 그 흥성한 염원과 경외의 야단법석은 그야말로 장관이다. 유학자의 눈에는 그 모든 것이 '음사(淫祀)'로 보였을지 모르나 탐라섬 민중들에게는 궁극의 이치였고 진리였다. 마땅한 삶의 방식이었다. 신명이었다. 땅에서 솟아 나와 사냥으로 생업을 잇고 저 멀고 먼 바다를 건너온 낯선 존재들을 환대로 맞아들였던 그 옛날부터 춤은 탐라 민중들의 삶과 함께였다. 궁중의 양식과 민중의 삶에 기반한 신명은 섬에 새겨진 기억이었다.

'바람 타는 섬'의 삶은 신산스러웠다. 바다에 생을 맡겨야 하는 섬사람들에게 바람은 숙명이었다. 하지만 난바다에서 불어오는 바람만 문제가 아니었다. 섬의 저편, 바다는 종종 섬의 운명을 좌지우지하려는 낯선 세력을 싣고 왔다. 바람을 타고 온 권력의 바람은 제주섬을 틀어잡았다. 섬이었기에 섬이어서 겪어야 하는 운명이었다. 뜨거웠던 용암의 기억을 단단하게 가슴에 품고 산 세월이었다. 그 한 세월을 탐라의 민중들은 자신들만의 이야기와 몸짓으로 견뎌냈다.

3. 해방 이후 제주 무용

1947년 7월 18일자 『제주신보』에는 흥미로운 기사가 하나 실린다. 제주도내 국민학교 교원들의 무용 강습 연수 참가를 알리는 기사다. 기사의 내용은 다음과 같다. "오는 20일부터 25일 5일간에 걸쳐 서울사범대학에서 열리는 무용 강습회에 본도 대표로 참가키 위하여 북공립국민학교에서 남 교원 2명 여 교원 4명이 선정되어 18일 공로(空路)로 출발하리라 한다."

〈1947년 7월 18일 제주신보〉

해방 이후 서울사범대학에서 전국의 초등 교원들을 모집하여 무용 강습회를 열었다. 당시 신문 자료를 보면 여름과 겨울 방학 동안 두 번 열렸다. 강습회는 1930년대 이른바 브나로드 운동이 시작되던 즈음 각 지역에서 활발하게 열리기 시작했다. 농촌계몽을 위해 수많은 '채영신'들이 헌신적인 활동을 하던 때였다. 계몽운동에는 '문맹 타파' '공중위생' 등도 있었지만, 빼놓을 수 없었던 게 음악, 연극 등 오락의 보급이었다. '오락 보급'은 단순한 여흥을 위한게 아니었다. 근대 예술의 보급과 전수가 이뤄지는 예술 교육의 장이었다. 여기에 무용이 빠질 수 없었다. 해방 이후 서울사범대에서열린 무용 강습회도 식민지 시절 강습회의 경험을 지식장에서 구현하고자 한 시도였다. 1947년 7월이면 3·1절 발포 사건과 3·10 총파업으로 제주 전역이 어수선했을 시기였다. 이때 북초등학교에서남녀 4명의 교사가 무용 강습에 참여했다는 사실은 당시 제주 지역에서 근대 무용에 대한 인식이 어느 정도였는지를 가늠하게 한다.

우연인지는 모르지만 무용 강습 참가 소식을 전하는 같은 날 신문에는 제주여자초급중학교 1회 수료식 소식이 실렸다.[4] 제주 무용을 이야기하는 자리에서 제주여자초급중학교 즉 제주여중고 무용반을 빼놓을 수 없다. 1960년대 제주 무용의 핵심은 제주여중고 무용반이었다. 당시 신문기사만으로는 서울사범대에서 열린 무용 강습회 참가자가 누구인지는 확인할 수 없다. 제주여중 1회 수료식과무용 강습회 교원 참가 소식이 한 지면에 나란히 실렸다는 점은 이후 제주여중고 무용반이 제주 무용의 산실이 되었다는 점은 감안

---

4) 『제주여고 50년사』 등에는 제주여자초급중학교 설립 인가가 1947년 5월 12일이라고 되어 있다. 설립 인가 이후 두 달 만에 1회 수료식이 열렸다는 점에 대해서는 설명이 필요하다. 해방 이후 1946년 2월 제주고등여학교가 설립되었고 이후 정식 인가 절차를 밟았다. 제주고등여학교로 설립, 운영되어 오다가 인가 절차를 밟으면서 당시 학제에 따라 제주여자초급중학교가 된 것으로 이해할 수 있다. 『제주여고 50년사』 참조.

한다면 우연치고는 기막힌 우연이다.

해방 이후 근대 무용에 대한 관심은 당시 대중들에게 인기를 끌던 다양한 공연예술과 함께 커졌던 것으로 추정된다. 당시 제주에서는 다양한 공연예술들이 큰 인기를 끌었다. 여러 단체들이 다양한 음악회를 개최하기도 했다. 1947년 『제주신보』에 보도된 각종 기사를 보면 음악회에 대한 당시 대중들의 관심이 어느 정도였는지를 확인할 수 있다.[5] 당시 기사 내용을 미루어보면 단순한 음악 공연만이 아니었다. 거기에는 해방 이후 복잡한 정치 상황 속에서 대중 계몽을 위한 목적도 담겨 있었다. 예술적 경험의 제공과 대중 계몽을 위한 정치적 장이기도 하였다. 그러다 보니 음악만 아니라 일종의 종합예술적인 공연도 이루어졌다. 해방 이후 서울사범대 무용 강습회 참가 역시 이러한 예술적 경험들이 직간접적인 영향을 줬다고 볼 수 있다.

한국전쟁은 민족적인 비극이었다. 하지만 문화예술 분야로 좁혀 본다면 한국전쟁은 제주 지역에서는 예술에 대한 근대적 경험이 축적되는 계기가 되었다. 한국전쟁기 제주 지역 피난민은 14만 명 정

---

5) 당시 『제주신보』 기사 제목만 언급하면 다음과 같다. '강연과 공연의 밤 독청 주최로 개최'(47. 8. 6) '도경 감청공보실 주최로 위안 음악회 개최'(47. 8. 24), '고녀 개교 1주년 기념 음악회 개최'(47. 2. 2), '9일은 한글날 북국교에서 교내 음악회'(47. 10. 6), '대동청년단 주최로 6일 제극에서 음악회 개최'(47. 12. 4), '대청 주최 본사 후원 음악의 대향연 흥미 끄는 4일 음악회'(47. 12. 12), '음악과 인정이 얼킨 환우 위안 음악회'(47. 7. 30), '음악회 성황리에 종막'(47. 12. 20), '제주고등여학교 개교 1주년 기념 음악회'(47. 2. 6)

도였다. 문학의 경우만 보더라도 계용묵, 박목월, 박화성 등 중견 문인들이 피난을 이유로 제주를 찾았다. 계용묵이 제주의 문청들과 적극적으로 교류하면서 잡지 『신문화』를 창간하기도 한다. 홍종명, 이중섭을 필두로 한 미술인들과 김묵, 송훈 등의 예술인들의 제주 이주는 제주 문화예술의 깊이와 폭을 한층 더 두텁게 하였다. 무용 역시 마찬가지였다. 현재까지 확인할 수 있는 무용과 관련된 자료 는 많지 않지만, 한국전쟁기 육군 제1훈련소 설립 이후 육군 정훈 실을 중심으로 다양한 공연들이 이어졌다는 점을 감안한다면 무용 을 비롯한 예술적 양식들이 다양한 경로로 유통되었음을 짐작할 수 있다.

4. 송근우 선생과 제주여중고 무용반

1962년 7월 『제주신보』에 무용 연구생 모집 광고가 실린다. 서귀 포 탐라무용연구소 고영우 명의로 실린 이 광고에는 초중고등반, 일반부, 교사부, 재건부인회원을 대상으로 무용 수강생을 모집하고 있다. 국민무용, 고전무용, 교육무용 등의 강의가 계획되어 있는 것 을 확인할 수 있다. 무용을 지도할 교사는 송근우 외 1명으로 되어 있다. 광고에서 확인할 수 있듯이 1960년대 이후 제주 무용은 50년 대와 다르게 본격적인 장르 예술로서 저변이 확대되었다. 일반인뿐만 아니라 교사들을 대상으로 한 무용 교육 강좌가 있었다는 사실에서 미루어 짐작할 수 있듯이 학교 현장에서 무용을 보급하기 위한 노력들도 이어지고 있었다. 수강생 모집 광고의 '국민무용'이라는 부분은 부연 설명이 필요하다. 1961년 5·16 쿠데타 직후인 6월에 공보부가 신설된다. 공보부의 주된 임무는 각종 문화정책을 통한 국민 동원과 국정 홍보였다. 쿠데타 직후 급조된 국민운동본부에서는 국민운동을 실시했다. 이 국민운동은 1937년 중일전쟁 이후 총동원령 체제하에서 일제가 조선 민중을 동원했던 방식을 그대로 본뜬 것이다. 국민가요 등 총동원 체제하에서 펼쳐졌던 문화정책들은 군국주의 이데올로기를 문화적 양식으로 전파하기 위한 하나의 수단이었다. 60년대 국민무용의 보급 역시 이와 유사한 맥락에서 만들어졌다. 당시 국민무용을 보급하기 위해 전국에서 무용 강습회가 벌어지는데, 당시 강습의 목적은 "국민의 건전한 체위 향상과 정서 관념의 순화운동"이었다.[6] 권력의 명확한 의도가 담긴 국민무용 교육을 포함하고 있지만, 무용 강습의 강좌에서 알 수 있듯이 제주적인 전통 무용의 발견과 전수의 기회가 되기도 하였다.

---

6) 『동아일보』 1962. 9. 22. 당시 기사의 내용은 다음과 같다. "국민무용강습회 25일부터 실시", 국민운동본부 주최 국민무용강습회가 전국 각도지부별로 오는 25일부터 10월 7일 사이에 실시되리라고 한다. 국민의 건전한 체위 향상과 정서 관념의 순화운동 일환책으로 마련되는…(중략)… 강사 최규남 서라벌예대 무용학과장 김정순 서울예술대학 무용학과 교수 박일민 서울교육대학 무용학 교수 임을파 한양대학교 무용학과 교수 강일파 한양대학 소녀무용단 단장.

무용 연구생 모집 광고에서 지도 교사를 맡은 송근우 선생은 제주 무용의 선구자이다. 송근우 선생은 제주도 서귀포 표선면 가시리 출신이다. 대전사범학교를 졸업하고 국립 무용단장을 지낸 송범에게 무용을 배웠다. 이후에는 안병찬무용연구소와 한국무용연수원을 수료한 후 제주로 돌아왔다. 스물한 살의 나이에 초등학교 교사를 거쳐 제주여중고 교사로 재직하였다. 그가 지도하던 제주여중고 무용반은 제주 민속무용의 토대가 되었다. 1980년 4월 27일 이른 나이로 세상을 떴다.[7] 송근우는 체계적인 무용 교육을 받은 1세대로 제주 무용을 장르 예술로 성장하게 하는 데 큰 공헌을 했다.

여기서 잠시 송근우가 사사했던 '송범'에 대해서 살펴보자. 송범(본명 송철교, 范은 예명)은 1925년 음력 12월 17일(양력 1926년 1월 30일)에 충북 청주에서 태어났다. 송범의 형인 송정훈은 일본으로 건너가 미술을 전공했던 미술학도로 '제국미전'에 입상하기도 했다.

---

7) 송근우의 생애에 대해서는 김병택『제주 예술의 사회사』상과『월간 제주』1968년 11월호를 참조하였다.

10살 터울인 형 송정훈은 송범의 든든한 후원인 역할을 했는데 송범이 무용에 입문한 계기도 형의 영향이 컸다. 월북 미술인 배운성의 소개로 조택원을 만나게 되어 그에게서 본격적인 무용 수업을 받았다. 송범은 해방 이전에 이미 무용 신인으로 무용계의 촉망을 한몸에 받았다. 한국전쟁기에는 국방부 정훈국 소속 문화공작대로 활동하면서 피난지인 대구, 부산 등지에서 다양한 공연 활동을 하였다. 1961년에는 한국무용협회 이사장, 1972년에는 중앙대학교 교수를 지냈으며 1973년부터 92년까지 국립무용단장을 지냈다.[8]

해방 후 당대 최고의 무용가에게 직접 사사를 한 송근우의 존재감은 컸다. 무엇보다 그는 제주 민속에서 제주적인 춤을 찾았다. 전통의 단절이 아니라 전통의 창조적 계승을 위한 그의 이러한 노력은 무용만이 아니라 제주 민속 예술의 창안에도 큰 영향을 미쳤다.[9] 1964년 창단된 제주민속예술단에 제주여중고 무용부 학생들과 무속인들이 참여할 수 있었던 이유도 송근우의 헌신적인 노력이 있었기에 가능했다.[10] 이러한 노력은 1964년에 전국민속예술경연대회에 처음 참가하여 장려상을 받은 이래 1967년 전국민속예술

---

8) 박선욱, 「한국 근대춤사에 있어서 송범의 예술사적 업적-구술채록을 중심으로」, 『한국무용연구』 27권 1호, 2009 참조.
9) 제주특별자치도, 『제주문화예술 60년사』, 2008 참조.
10) 『월간 제주』 1968년 11월호에는 제주민속예술단의 성과와 관련된 기사가 실리는데, 당시 기사에 따르면 제주민속예술단 구성은 다음과 같다. 단장 이경수(제주여고 교장), 사무국장 송석범(오현고 교사), 지도 송근우 (제주여고 교사), 섭외 김영돈(제주대 교수), 섭외 김규현(도 공보실), 감독 김화일(문화계장), 단원 한철화 외 40명.

〈전국민속예술경연대회에 참가한 제주팀의
공연 장면, 1964년 10월 31일 동아일보〉

경연대회에서 종합최우수상(대통령상)을 받는 등, 해마다 수상하는 쾌거를 이루었다.

1964년부터 1974년까지 전국민속예술경연대회 참가 내용을 살펴보면 모든 작품이 제주의 무속을 현대적으로 재현한 작품들이다. 해녀놀이, 입춘굿놀이, 영감놀이, 조리희 등 제주적 전통은 송근우와 제주여중고 무용부에 의해서 무용의 언어로 새롭게 탄생하였다. 송근우 선생의 재직 기간에 1천 명의 후학을 길러냈으니, 가히 송근우 사단이 제주 무용의 시작이라고 해도 과언이 아니다.

지금은 대한민국을 대표하는 탤런트가 된 고두심 씨를 비롯해, 제주도립예술단 안무장을 역임하며 제주 무용을 이끌었던 김희숙 씨 등이 모두 그의 제자였다. 많은 연구자들이 송근우 선생을 제주 무용의 대가라고 말하는 데 주저하지 않는 이유도 여기에 있다.

제주 무용은 제주적 전통에 기반하여 민중의 삶과 함께했다.

2000년대 이후 무용에서도 다양한 실험이 펼쳐지고 고전과 현대 무용 등 장르의 세분화도 이뤄지고 있지만 그 뿌리는 제주적 전통이라고 할 수 있다. 그리고 이러한 전통의 계승이 면면히 이어질 수 있는 이유 역시 제주 무용이 지닌 깊은 역량이 있기에 가능했다.

길지 않은 지면에서 제주 무용사를 전부 개괄하는 것은 어려운 일이다. 60년대 이후 제주 무용사와 관련하여 제주민속예술단 그리고 이후 만들어진 제주도립무용단 등에 대해서도 상술할 필요가 있다. 이미 『제주문화예술 60년사』등 기존의 연구에서 이와 관련하여 상세히 다루고 있어서 여기서는 그 부분까지 언급하지는 않는다. 다만 제주 무용이 하나의 장르 예술로서 성장할 수 있었던 배경에는 근대적 예술 문법뿐만 아니라 제주적 전통이라는 중력이 단단하게 작용하고 있었음은 밝히고 싶다.

제3마당

제주춤의 내면세계

제주 민속무용 대본의 경향론
— 모방과 표현

김 병 택(문학평론가, 제주대학교 명예교수)

Ⅰ. 프롤로그

모방론에 의하면, 모방 예술의 매재는 각각 다르다. 시의 매재가 언어라면 무용의 매재는 몸짓이다. 한편, 예술은 내면세계의 표현이라는 표현론도 엄연히 존재한다. 무용은 몸짓을 통해 성립되는 예술인 동시에 사람의 내면세계를 표현하는 예술이기도 하다. 게다가 무용에는 하나의 사실이 더 추가된다. 무용의 내용적 전개를 좌우하는 대본이 바로 그것이다. 무용극이나 민속극의 경우라면 그것은 더욱더 그렇다.

이 글의 목적은, 먼저 무용의 모방과 표현을 논의하는 근거를 제시하고 나서 '제주도립민속예술단'[1]의 정기 공연 작품 14편의 대본

---

1) 제주도립민속예술단은 1990년 3월 2일 창립되었다. 창립 당시의 조직은 단장인 제주도

과 '제주도립예술단'의 정기 공연 작품 8편의 대본이 1차 자료인 신화 · 전설 · 민담의 내용을 어떻게 모방하고 있는지를, 그리고 우리가 살고 있는 현실의 여러 대상들을 어떻게 표현하고 있는지를 살펴보는 데에 있다.[2]

아울러 이 글에서 살펴볼 정기 공연 작품 22편 대본의 줄거리와 구성 내용의 출처는 『제주도립예술단사(1990~2001)』(제주도문화진흥원, 2002)와 공연 때마다 제작되었던 팸플릿들임을 밝혀둔다. 22편의 대본을 바탕으로 이루어진 공연 작품은 다음 표를 통해 일람할 수 있다.[3]

문화진흥원장과 무용부 · 민요부 · 놀이부 등 3개 부 정원 40명의 단원들로 구성되어 있었다. 그러나 당시에는 사실상 무용부의 역할이 컸기 때문에 구성 인원의 대부분은 무용부 단원이었다.

이후, 제주도립민속예술단은 1997년 9월 18일 개정된 조례에 따라 제주도립예술단으로 명칭이 바뀌었고 편제도 민속무용단 · 민속합주단 · 민속합창단 등 3개 부로 변경되었다. 이 편제는 2004년 3월 15일 개정된 조례에 따라 무용단 · 오페라단 등으로 다시 변경된다. 2007년 행정 조직이 제주도에서 제주특별자치도로 변경되면서, 제주도립예술단은 같은 해 7월 28일 제정된 제주특별자치도립예술단 설치 운영 조례에 따라 지금까지 제주시(시립교향악단, 시립합창단), 서귀포시(시립관악단, 시립합창단)에서 운영하던 시립 예술단체와 함께 2008년 1월 1일 제주특별자치도립예술단으로 통합되어 오늘에 이르고 있다.

2) 이 글에서 분석 도구로 삼은 이론은 M. H. Abrams가 *The mirror and the lamp*(Oxford Univ. Press, 1979)에서 주장한 삼각모형이론의 모방론 · 효용론 · 표현론 · 객관론 중 모방론과 표현론을 가리킨다. 이 글에서 다룬 22편의 대본 중 모방의 측면이 우세한 대본은 15편, 표현의 측면이 우세한 대본은 7편이었다.

3) 제23회 공연까지의 일람임에도 불구하고, 논의 대상으로 삼은 대본이 22편인 이유는, 제1회 〈생불화〉와 제20회 〈생불화〉가 동일한 작품이기 때문이다. 그리고 제1회부터 제14회까지의 공연은 제주민속예술단의 편제에서, 그 이후는 제주도립예술단의 편제에서 각각 이루어졌고, 공연 장소는 공히 제주도문예회관 대극장이었다.

■ 제주도립민속예술단 · 제주도립예술단 정기 공연 일람표

차례	작품명	일시	대본 (구성)	안무	비고
제1회	생불화	90. 12. 20. 15:00	조영배	김희숙	무용극
제2회	영감놀이/입춘굿놀이	91. 4. 30. 16:00	김택근	김희숙	무용극
제3회	만덕송가	91. 12. 22. 18:30	정인수	장효순	무용극
제4회	제주 판굿 외	92. 6. 4. 11:00	고영일	김희숙	
제5회	산방덕이-백록의 처녀	92. 12. 10. 15:00	정인수	김희숙	창작무
제6회	김녕사굴제	93. 5. 22. 15:00	공동	김희숙	
제7회	설운아기의 배꼽덕	93. 12. 4. 16:00	고영일	김희숙	민속극
제8회	제주굿놀이/ 풍물모음놀이	94. 4. 30. 14:00	김택근	김희숙	
제9회	탐라세시기	94. 12. 10 18:30	정인수	김희숙	
제10회	오돌또기	95. 5. 18. 19:30	정인수	김희숙	
제11회	사또놀이	95. 12. 16. 19:00	고영일	김희숙	
제12회	삼다도 이야기	96. 4. 27. 19:00	조영배	고춘식	
제13회	자청비면	96. 12. 21. 15:00	김택근	김희숙	
제14회	산호수의 전설	97. 6. 28. 16:00	정인수	김희숙	무용극

제15회	하늘의 울음/ 땅의 소리	97. 12. 20. 15:00	김택근	김희숙	무용극
제16회	한라영산/신명/ 너른 마당	98. 6. 11. 19:00	조영배	강광옥	
제17회	서천꽃밭	98. 11. 26. 19:00	강용준	장효순	
제18회	일이여, 놀이여, 춤이여	99. 7. 30. 19:30	장일홍	김희숙	
제19회	바다의 침묵/ 탐라의 맥박	99. 11. 26. 19:00	고영일	김희숙	
제20회	생불화	2000. 4. 28. 19:00	조영배	김희숙	무용극
제21회	제주섬 연가	2000. 12. 22. 19:00	김정학	김정학	
제22회	춤 춤 춤	2001. 5. 16. 19:00	김정학	김정학	
제23회	연(緣)과 혼(魂)	2001. 11. 30. 19:00	정인수	김정학	

II. 논의 근거로서의 모방론과 표현론[4)]

1. 모방론의 경우

예술은 우주 양상을 모방한다. 플라톤의 「대화(The Dialogues)」

---

4) 이 부분은 졸저 『현대시의 예술 수용』(새미, 2009)에 수록된 「시의 무용 수용」의 일부 내
용을 무용 쪽에 초점을 맞추어 개고한 것이다.

에 처음 등장하는 용어인 '모방(imitation)'[5]은 다의적인 뜻을 지니고 있다. 본래 '모방'은 두 항목 사이의 대응관계를 의미하는 말이었다가 소크라테스에 이르러서는 회화 · 시 · 음악 · 무용 · 조각 등의 예술을 규정하는 말로 사용되었다.[6] 하지만 플라톤 이후의 모방론에서 '모방'은 모방 대상에 대한 진실성을 가늠하는 말로 바뀐다.

플라톤은 우리를 둘러싸고 있는 이 세계가 세 범주로 이루어져 있다고 주장한다. 첫째 범주는 영원하고 변함없는 이데아의 범주이고, 둘째 범주는 첫째 범주를 반영하는 자연적 · 인공적인 감각의 세계이며, 셋째 범주는 다시 둘째 범주를 반영하는 그림자, 물과 거울 속의 영상, 그리고 예술이다. 플라톤은 그의 주요 용어들을 다의적 의미로, 또는 여러 의미를 보충하는 방식으로 사용함으로써 이

---

5) '모방'은 'mimesis'를 옮긴 말로는 아주 적절하지 않다. 로마인들은 이를 'imitatio'(현대 불어와 영어에서 'imitation')로 옮겼고 이후 동양에서 이를 '모방'으로 옮겨 쓰고 있다. 'imitation'이란 말에는 '가짜' '모조품' 따위의 의미가 비교적 강한데 'mimesis' 자체에는 그러한 뜻이 훨씬 적다. 그래서 학자에 따라 'mimesis'라는 말을 그대로 사용하기도 하며 'representation'으로 옮기기도 한다. (……) 'mimesis'는 시 · 그림 · 조각은 물론이고 음악과 춤을 포함하는데, 오늘날의 우리로서는 실제의 몸짓을 흉내 내든가 새소리 따위의 실제 소리를 흉내 내는 다소 저급한 춤이나 음악 이외에 본격적인 춤과 음악을 '모방'에 넣어 생각하기가 쉽지 않다. 가장 뚜렷한 모방은 연극과 그림일 것이다. 플라톤과 아리스토텔레스도 가장 단순한 모방의 형태로 그림(플라톤의 '침대 그림', 아리스토텔레스의 '뿔 달린 암사슴' 그림)을 예로 들곤 했다. 여기에서 중요한 것은 피리, 현금, 목동 피리(펜플루트 같은 보다 소박한 악기) 등 연주 악기의 음악이 춤과 함께 사람의 성격 · 감정 · 행동을 '모방'한다고 보는 관점이다. 오늘의 우리는 '표현'한다고 해야 이해가 된다. 그만큼 아리스토텔레스의 관념이 포괄적이고 또한 우리의 관점이 달라져 있다고 할 수 있으며 또한 고대 헬라의 춤과 음악의 성격을 잘 모른다고 할 수 있다. 오늘날의 '표현'까지도 포함하는 개념으로서의 '모방'의 의미를 생각해야 한다. 이는 서양 문학관의 큰 문제가 되어 있다. [이상섭, 『아리스토텔레스의 「시학」 연구』(문학과지성사, 2002), pp. 18~19.)]

6) *Republic*(trans. Jowett) x. 596~7; *Laws* ii. 667~8. vii. 814~16, 김병택 편 『현대시론의 새로운 이해』(새미, 2004), p. 17에서 재인용.

러한 세 단계의 퇴행 과정을 현란한 논리로 전개한다.[7]

그런데 변모하는 그의 논의에서는 하나의 반복적 패턴이 발견된다. 그것은 소크라테스가 예술의 본질을 말하면서 제시한 다음의 내용이다. 세 개의 침대가 존재한다. '세 개의 침대'란, 침대의 본질인 이데아로서의 침대, 목수가 첫째의 침대를 모방하여 만든 현상으로서의 침대, 그리고 화가가 둘째의 침대를 모방하여 캔버스에 그린 침대를 가리킨다. 이 구절은 플라톤의 『공화국(The Republic)』 제10권에 들어 있다.

예술은 현상계를 모방하는 것이지 실제로 존재하는 세계를 모방하는 것이 아니라는 플라톤의 관점은, 예술 작품을 존재물의 서열 가운데에서 가장 낮은 위치로 끌어내리는 결과를 낳게 했다. 즉, 예술이 진리로부터 두 단계나 멀리 떨어져 있다는 결정론적 사고가, 예술이 미(美)나 선(善)으로부터 그만큼 멀리 떨어져 있음을 자동적으로 증명하게 한 것이다. 물론 여기에는 실제와 가치의 궁극적 도달점인 '이데아'의 설정이 전제된다.

플라톤은 그토록 섬세한 논리를 통해 철학의 일관성을 유지하려 했다. 그는 시와 무용이 독자와 관객에게 나쁜 영향을 끼친다고 보

---

7) Richard McKeon, "Literary Criticism and the Concept of Imitation in Antiquity", *Critics and Criticism*, ed. Crane, pp. 147~9를 보라. 이 논문은 소크라테스를 논쟁에 끌어들인 지각없는 사람들을 함정에 몰아넣었듯이 훗날 많은 주석가들을 함정에 몰아넣은 플라톤의 '모방'이란 용어를 사용하는 데에 다양한 변화가 일어났음을 보여준다, 김병택 편, 『현대시론의 새로운 이해』(새미, 2004), p. 18에서 재인용.

았고, 그것의 이유를 시와 무용이 실재하는 세계보다 현상의 세계를 모방하며 이성보다 감정을 조장한다는 점, 그리고 시의 탄생은 시인에게 영감이 떠오를 때까지, 연무(演舞)는 무용수가 무아지경에 들 때까지 마냥 기다려야 한다는 점에서 찾았다. 하지만 시와 무용의 모방적 성격에 기반을 둔 이러한 생각은 평범한 시와 무용에 대한 낮은 평가를 확인하는 것에 불과하다.[8]

이미 언급한 것처럼 무용은 몸짓이라는 매재를 통해 모방한다. 예술에만 적용되는 특수한 용어인 모방은 예술을 우주의 다른 모든 사물로부터 구분하고, 그렇게 함으로써 예술을 인간의 다른 모든 활동과의 경쟁에서 해방시킨다. 심지어 아리스토텔레스는 예술을 모방의 대상, 모방의 매재, 모방 양식에 따라 세분하기까지 했다.

2. 표현론의 경우

무용은 감정을 표현한다. 예술 작품을, 내면적인 것을 외면화하는 작업의 산물로 인식하는 것이다. 따라서 무용을, 무용가의 지각·사상·감정의 복합물을 형상화한 것으로 정의하는 것은 지극히 자연스럽다.

무용의 일차적 근원과 소재는 무용가 자신의 정신적 속성과 행동

---

8) *Republic* x. 603~5; Ion 535~6; cf. *Apology* 22. 김병택 편, 『현대시론의 새로운 이해』 (새미, 2004), p. 20에서 재인용.

들에서 찾을 수 있다. 그리고 무용가의 최고 원인(cause)은 표현을 추구하는 무용가의 감정과 욕망 속에 꿈틀거리는 충동, 또는 창조주 하느님과 같은 내적 운동의 근원인 '창조적' 상상력을 추진하는 힘, 즉 동력인(efficient cause)이다.

무용 비평에서 시급한 것은, 무용이 감정이나 상상력의 자연스러운 표현이냐, 아니면 관례에 따른 의식적 조작이냐를 판단하는 일이다. 무용 비평의 중요한 기준은 '그 무용이 자연에 충실한가'이거나 '최고급 비평가나 인류 전체의 요구 사항에 부합하는가'가 아니다. 결국 그것은, 그 무용이 '순수한가, 무용가가 지니고 있던 의도와 감정이나 실제의 정신 상태와 일치하는가'로 귀착된다. 이 경우, 실제적인 것이든 비실제적인 것이든 간에 자연을 모방한 작품은 고려해야 할 대상으로 선택될 수 없다.

무용은 외부세계와 무관하다. 하나의 무용 작품이 단순히 대상을 모방할 뿐이라면, 그것은 전혀 무용이 아니다. 따라서 지각 대상이 무용의 발생 계기나 자극처럼 무용에 이바지할 수 있는 경우를 제외하면, 무용과 외적 세계는 아무런 관련도 맺지 못한다. 그러므로 무용은 대상 자체 속에 있는 것이 아니라, 대상을 관조하는 인간의 정신 상태 속에 있다.

한 마리의 사자를 묘사하는 무용가가 있다고 치자. 그는 사자의 겉모양을 묘사하고 있는 것처럼 보이지만 사실은 대상 자체를 향한 관찰자의 흥분 상태를 묘사하고 있다. 그러므로 무용은 대상 자체가 아닌, 그 대상을 대하는 '인간의 감정'에 충실해야 한다. 이렇듯 무용은 외적 세계와 단절된다. 따라서 무용이 의미하는 바는 무용가의 내적 정신 상태가 투영된 하나의 등가물로, 또는 확대해놓은 하나의 상징에 지나지 않은 것으로 사람들에게 인식된다.

무용가는 자기 자신을 유일한 관객으로 삼는다. 무용가에게는 더없이 가혹한 운명이다. 무용가는 고독한 순간에 자기 자신에게 감정을 고백하기 때문에 무용가의 관객은 무용가 자신, 즉 단 한 사람의 구성원으로 감소한다.

단언하건대, 언어로 이루어진 세상의 모든 이론은 완벽하지 않다. 언어의 외연적 의미를 아무리 강화한다 하더라도 사물이나 현상을 설명하는 데에는 미진한 부분이 남을 수밖에 없다. 세상의 모든 이론은 숙명처럼 그렇게 존재한다. 모방론과 표현론도 여기에서 예외가 아니다. 그렇다 하더라도 모방론과 표현론은 사람들로 하여금 대상을 바라보는 관점을 마련하게 하는 데에 충분히 기여할 수 있다. 더 나아가 모방론과 표현론은 다른 이론들과 분명한 차이를 지니고 있으므로 전체적으로 대상을 바라보는 관점의 다양성을 확보할 수 있게 해준다.

III. 제주 민속무용 대본의 모방

플라톤은 이데아론에서 세 범주를 설정한다. 그것의 첫째는 이데아의 범주이고, 둘째는 이데아를 모방한 감각세계의 범주이며, 셋째는 감각세계를 모방한 허상의 범주이다. 이에 대해, 아리스토텔레스는 자율적 세계의 모방을 강조하면서 플라톤의 주장을 반박한 바 있다. 그 이후부터 지금까지 전개된 모방론의 역사는 모두 플라톤과 아리스토텔레스의 모방론에 대한 '또 다른' 해석의 역사라고 해도 과언이 아니다.

여기에서 논의 대상으로 삼은 대본들은 구조 중심, 놀이 중심, 역할 중심, 행위 중심 등의 이야기를 담고 있다. 그것들은 모두 원래의 이야기 속에 내재하고 있다는 공통점을 지닌다.[9]

1. 구조 중심의 모방

아리스토텔레스가 주장했듯이 작품의 완전성은 '처음, 중간, 끝'이라는 구조를 통해 구현된다. 그런데 이와 유사하게 아래의 여섯 작품은 대체로 원래의 이야기가 지니고 있는 '문제 발생→위기·고난→문제 해결'의 구조를 그대로 지니고 있다. 하지만 세부적으로

---

[9] 대본에 들어 있는 이야기의 모방 대상은 '원래의 이야기'이다. 따라서, 혹여, 원래의 이야기에 효용적 측면이나 창작적 측면이 내포되어 있는 경우가 있다 하더라도, 이 글에서는 그것을 염두에 두지 않았다.

볼 때는 다른 점들도 있는 것이 분명하므로, 여기에서는 이 점을 각별히 유념하기로 한다.

① 제1회 〈무용극 생불화〉, 제20회 〈생불화〉, 제16회 〈한라영산〉[10]

② 제7회 〈민속극 설운아기의 배꼽덕(전상놀이)〉

③ 제13회 〈자청비뎐〉

④ 제15회 〈무용극 하늘의 울음(애기씨의 전설)〉

⑤ 제3회 〈무용극 만덕송가(萬德頌歌)〉

⑥ 제14회 〈무용극 산호수(珊瑚樹)의 전설〉

내용으로 볼 때, ①, ②, ③, ④는 본풀이를, ⑤는 전설을, ⑥은 민담을 각각 극화한 작품들이다. 이러한 점이 작품 구조의 안정성 여부에 영향을 미치고 있음은 분명하다. 한마디로, '①, ②, ③, ④'가 불안정한 구조를 보여주고 있는 데에 반해 '⑤, ⑥'은 안정된 구조를 보여준다. 그 이유는 동해용왕과 옥황상제가 지닌 힘에서 찾을 수 있다.

삼승할망본풀이를 작품화한 ①에서, '문제 발생→위기 · 고난→

---

10) 제1회 〈생불화〉, 제20회 〈생불화〉, 제16회의 〈한라영산〉은 동일한 내용의 작품들이므로 이 글에는 제1회 작품인 〈생불화〉만을 논의의 대상으로 삼았다.

문제 해결'이라는 구조를 유지하도록 하는 근거는 동해용왕과 옥황상제가 지닌 힘에서 나온다. 동해용왕따님아기가 버릇이 없어 죽임을 당할 처지에 놓이는 것, 인간 세상으로 내려오는 것, 생불왕이 되어 살아가는 방법을 배우는 것 등에는 한결같이 아버지인 동해용왕이 지닌 힘이 영향을 미친다. 하지만 누가, 그것이 작품의 구조를 안정시키는 데에 기여하고 있는가, 라고 물으면 대답은 부정적일 수밖에 없다.

옥황상제가 지닌 힘은 동해용왕따님아기가 고난을 겪는 데에도 예외 없이 작용한다. 임박사 부인이 잉태했을 때, 동해용왕따님아기는 아기를 출산시키는 방법을 몰랐다. 임박사는 옥황상제에게 이 사실을 아뢰고, 신하들은 옥황상제에게 명진국따님아기를 생불왕으로 추천한다. 옥황상제는 명진국따님아기에게 잉태와 출산의 방법을 알려주면서, 인간 세계로 내려가도록 명을 내리고, 인간 세계에 내려온 명진국따님아기는 동해용왕따님아기를 만난다. 하지만 둘은 서로가 생불왕이라고 주장하면서 심하게 다툰다.

옥황상제는 문제를 해결하는 데에도 절대적인 힘을 행사한다. 옥황상제의 결정에 따라 명진국따님아기는 생불왕이 되고, 동해용왕따님아기는 저승할망이 된다. 그리고 명진국따님아기는 생불화를 들고 인간 세계에 내려와 살면서 아기들의 탄생과 성장을 돕는다.

독무와 군무의 교차·혼합이 특징인 이 작품은 전 2막 10장으로 구성되어 있다. 제1막에서는 어느 시골 바닷가 마을을 배경으로 검은 꽃 독무·사랑의 2인무·무속의 군무가 교차되고, 제2막에서는 갈등의 2인무·독무·군무가 혼합되며, 제3막에서는 군무의 비중보다 독무의 비중이 약간 앞선다.

삼공본풀이를 작품화한 ②의 구조도 ①의 구조와 크게 다르지 않다. 옛날 강이영성이라는 사내 거지가 윗마을에 사는 홍운소천 여자 거지를 길에서 만나 부부가 된다. 딸 셋을 둔 거지 부부의 살림은 점차 나아진다. 부부가 딸들의 효심을 시험하는 과정에서, 막내딸은 다른 두 딸과는 달리 "하느님도 덕입니다. 지하님도 덕입니다. 아버님 덕입니다. 어머님도 덕입니다마는 내 배꼽 밑에 있는 선그믓 덕으로 먹고 입고 행위 발신합니다."고 대답하여 집에서 쫓겨난다. 문제 발생에 해당하는 이 부분에서는 거침없이 힘을 행사하는 부부의 모습이 클로즈업된다.

집에서 쫓겨난 막내딸은 위기에 봉착한다. 두 언니로부터 해코지를 당할 뻔한 것이다. 하지만 막내딸은 도술로 두 언니의 해코지를 모두 물리친다. 막내딸은 집을 떠나 돌아다니다 마음씨 착한 작은 마퉁이를 만나 결혼한다. 게다가 마를 파던 구덩이에서 금덩이·은덩이가 쏟아져 나와 큰 부자로 산다. 한편, 부모는 내쫓은 막내딸의 소식이 없자 밖으로 내닫다가 문 위 지방에 눈이 걸려 장님이 된다. 나중에 부모는 재산을 탕진하여 거지로 전락한다. 거지로 전락한 부모의 소식을 들은 막내딸이 남편과 의논하여 거지들을 위한 잔치를 마련한다. 마침내 막내딸이 부모를 찾아가 자신이 막내딸임을 알리자, 깜짝 놀란 부모는 눈을 뜬다. 이처럼 막내딸이 도술로 두 언니의 해코지를 모두 물리치거나, 막내딸이 잔치를 마련했음을 알게 된 부모가 눈을 뜨는 것은 또 다른 등장인물이 지닌 힘을 보여주는 사례가 될 것이다.

첫째 마당에서는 앞풀이가, 둘째 마당의 제1장에서는 연분을 맺어 세 딸을 둔 강이영성, 홍운소천 부부가 자식의 효심을 시험하는 명줄 내력 과정이, 제2장에서는 작은 마퉁이와 결혼한 뒤 마를 파던 곳에서 나온 금은보화로 부자가 된 가문장아기가 부모를 찾는 복줄 내력 과정이, 셋째 마당에서는 뒤풀이가 각각 전개된다.

세경본풀이를 작품화한 ③에서도 등장인물이 지닌 힘에서 기인하는 불안정한 구조는 여전히 나타난다. 주혜국땅 김진국 대감은 부처에게 재물을 바쳐 자청비를 낳는다. 열다섯 살 자청비와 글공부를 위해 하늘에서 내려와 빨래터를 지나던 문도령은 만나자마자 서로 반한다. 남장(男裝)한 자청비는 문도령을 따라가 같은 서당의 한 방에서 함께 머무르며 3년 동안을 공부한다. 이렇게 자청비가 남장을 하고 문도령과 3년을 함께 지낸 것은 문제 발생의 원인이 되기에 충분하다.

자청비의 남장은 이 작품에서 고난과 위기의 근거가 된다. 문도령이 서당을 떠나게 되자 자청비는 문도령에게 자신이 여자임을 밝힌다. 자청비와 문도령은 사랑을 하고 본메를 나누어 가진 후 헤어진다. 한번은 지상으로 내려온 문도령이 자청비를 만나지 못하고 그냥 돌아간 적도 있다. 이 일로 자청비는 청태국할망에게 쫓겨나 머리를 깎고 중이 된다. 하지만 자청비는 나중에 선녀들을 도와준 덕분에 하늘로 올라가 문도령을 만난다. 시부모가 낸 통과의례를 치러 결혼한 후 자청비는 문도령을 서천꽃밭으로 보내 양쪽 집을 오가며 보름씩 남편 노릇을 하게 한다. 문도령이 돌아오지 않자 자청비는 거짓 편지를 보내 문도령을 돌아오게 한다. 하늘나라의 선비들은 문도령을 잔치에 초청하고 술을 먹여 죽이려는 음모를 꾸민다. 이 대목은 이 작품의 위기에 해당한다.

자청비의 기지로 잔치에서 죽음을 면했던 문도령은 결국 외눈박이할망에게 속아 죽는다. 하지만 자청비는 기지를 발휘해 남장을 하고 서천꽃밭으로 가 환생꽃을 따다가 그를 살려낸다. 이처럼 이 작품의 문제 해결도 자청비가 지닌 힘에 의존하고 있다.

이 작품은 전 9장으로 구성되어 있다. 장소 중심으로 볼 때 그것은 제1장의 김진국 대감집, 제2장의 주천강 냇가, 제3장의 거문선생 글방, 제4장의 자청비 집, 제5장의 굴미굴산 산중턱, 제6장의 서천꽃밭, 제7장의 주모 할망집, 제8장의 하늘 옥황 길목으로 정리된다. 여기에다 제9장에서의, 신들의 해코지가 더해진다.

서천꽃밭으로 가서 환생꽃을 따다가 문도령을 살리는, 자청비라는 등장인물들의 힘을 약화시키는 요소는 작품의 어디에서도 발견되지 않는다. 다른 작품의 경우처럼, 문제 해결의 방식이 도술이라는 점은 이 작품에서도 예외가 아님을 확인할 수 있다.

초공본풀이의 여러 요소를 지닌 ④에서, 하늘공사와 지애공사는 땅으로 내려와 좌정한다. 부부는 절에서 수륙(水陸)을 드려 딸(아기씨)을 얻는다. 벼슬을 살러 하늘에 가게 된 부모는 아기씨를 지상의 열두 살장문(빗장문) 속에 넣어 자물쇠를 채운 후, 머슴에게 단단히 부탁하고 하늘로 올라간다. 지상에 남은 아기씨는 동개남의 절에서 온 중의 도술로 잉태한다. 문제가 발생하는 곳은 이 지점이다.

고난의 과정은 이렇다. 냄새 때문에 음식을 먹지 못해 몸이 쇠약해진 아기씨는 사경에 이르게 된다. 머슴의 연락을 받고 지상에 내려온 하늘공사는 아기씨가 임신한 사실을 알고 집에서 쫓아버린다. 아기씨는 결국 쌍둥이 삼형제를 낳는다.

과거에 급제한 후 어머니로부터 이야기를 들은 삼형제는 어머니 아기씨의 혼을 그리며 태징·북·살장고 등 악기를 하나씩 들고 근본내력을 풀어낸다. 제주의 다양한 연물 가락이 아기씨의 넋을 달랜다. 그리고 삼형제는 작고 동당거리는 북의 '동굴마께' 가락을 주고받으며 하늘의 울음인 대고소리를 이끌어낸다. 이어서, 땅의 소리를 상징하는 제주의 연물과 팔방의 장중한 북 가락으로 아기씨를 위무하는 춤이 펼쳐진다.

위에서 살펴본 세 작품에 비해 정도가 덜하기는 하지만 아기씨가 동개남의 절에서 온 중의 도술로 잉태하는 데에서 보듯이, 등장인물의 힘이 발휘되고 그것이 전체의 내용을 이끌어가는 양상은 다른 작품과 유사하다.

이 작품의 내용은 하늘공사와 지애공사가 하강하여 신으로 좌정하는 제1장, 하늘공사 내외가 자식의 잉태를 비념하는 제2장, 하늘공사와 아기씨의 안타까운 이별을 그린 제3장, 도술로 아기씨가 잉태하여 내쫓기게 되는 제4장, 아들 삼형제의 출산을 다룬 제5장, 삼형제의 과거 급제와 아기씨 장례를 보여주는 제6장, 하늘의 울음을 형상화하는 제7장 등으로 구분된다.

인간이 전혀 따를 수 없는 신의 능력을 지닌 등장인물은 작품의 구조를 안정적으로 유지하게 하는 요소로 작용할까? 지금까지 살펴본 바에 따르면, 그렇지 않다. 문제 발생에서부터 문제 해결까지의 모든 과정은, 등장하는 인물과 인물의 갈등을 통해, 사건과 사건의 충돌을 통해 이루어지는 것이 정상이다. 작품의 구조가 오로지 등장인물의 전능한 힘으로 유지된다면 그것은 결코 건강한 구조라고 할 수 없다.

⑤에서 양가의 삼남매 중 외동딸로 태어난 만덕은 어릴 때부터 주위 사람들의 귀여움을 한몸에 받으며 자란다. 만덕이 열세 살 되

는 해에 전염병이 돌았고, 전염병으로 부모를 잃은 만덕은 기방에 몸을 의탁하고 살아간다. 이 두 문장의 서술은 아주 짧지만 함의하는 바는 결코 가볍지 않다. 문제 발생과 고난·위기의 과정을 다 담고 있기 때문이다.

총명함과 아름다움을 갖춘 만덕은 본인의 의사와는 무관하게 기적(妓籍)에 이름을 올렸었지만, 스무 살 되는 해에 만덕의 사연을 들은 제주목사가 기적에서 만덕의 이름을 빼준다. 그 후 만덕은 지혜를 발휘하여 많은 재산을 모으고 생이별했던 남매들을 찾아 단란한 가정을 꾸린다. 어느 해 태풍과 가뭄으로 제주에는 굶어 죽는 사람들이 계속 늘어났고, 만덕은 가지고 있던 구호미를 풀어 백성들에게 나누어준다.

만덕의 선행을 듣고 탄복한 나머지 임금은 금지된 출행을 허락하는 등 만덕을 극진히 대우한다. 임금은 만덕에게 내의원 의녀반수의 벼슬과 금강산 유람의 특혜를 부여한다. 그리고 좌의정 채제공이 쓴 「만덕전」을 하사한다. 이 사실은 나라 전체에 알려졌고, 만덕은 많은 사람들로부터 칭송을 받는다.

전 4막으로 구성된 이 작품은 제1막에서는 행복한 만덕의 생가와 전염병의 발생 과정·부모 장례·삼남매 생이별을, 제2막에서는 만덕의 기녀 생활과 만덕의 양녀 복귀를, 제3막에서는 객주를 운영할 때의 축재·흉년의 기근·진휼을, 제4막에서는 정조 임금의 알현 등을 각각 그리고 있다.

⑥에서 해녀들은 상군해녀를 모시는 절차가 끝나면 테우를 타고 바다에 나가 작업을 하는데, 갑자기 거센 바람이 불면서 마마신들의 공격을 받고 곤경에 빠진다. 마마신은 사람들로부터 대접을 받지 못할 때마다 요술주머니에서 마마병정을 풀어 마마병을 퍼뜨려 왔다. 이른바 문제가 발생한 것이다.

해녀들과 심방이 함께 신궁문이 열리기를 기원하는 가운데 상군해녀는 대무의 인도로 용왕을 알현하게 된다. 용왕으로부터 받은 상군해녀의 산호수를 보자마자 요술주머니 속의 병정들은 모두 죽고 마마신은 달아나기 시작한다. 좋은 기회를 잡은 바위신령은 마마신을 잡아 죽인다. 그런데 이 과정에서 상군해녀도 죽고 만다.

문제는 이러한 고난·위기의 과정을 겪은 뒤에야 해결된다. 마을 사람들은 엄숙한 장례를 치르고 상군해녀의 혼백을 바다로 떠나보내고, 땅 위에는 다시 평화가 찾아온다. 모든 사람은 상군해녀의 용기 있는 희생에 감사하며 일터로 나아간다.

이 작품의 제1장은 멸치후리는 작업, 상군해녀의 취임 절차, 마마신으로부터의 공격 등을, 제2장은 신궁문 열리기 기원, 용왕 알현, 마마신과의 싸움 등을, 제3장은 마마신의 퇴치, 상군해녀의 죽음, 엄숙한 장례 등을 이야기의 내용으로 삼는다.

'⑤, ⑥'에 이르러 등장인물이 지닌 힘은 현저히 약화하지만, 대신에 구조는 안정적으로 지켜진다. 문제는 등장인물이 아닌 다른 요소들의 개입으로 발생하고, 등장인물은 고난의 과정을 겪으면서도 문제를 해결하려고 애쓰는 모습을 보여준다. 본풀이에 등장하는 전지전능한 인물들이 작품의 모든 것을 좌지우지하는 것과는 큰 차이가 있다.

2. 놀이 중심의 모방

굿놀이는 굿의 풀이와 놀이로 대별된다. 굿의 '풀이'는 서사적이고 언어적인 것을, 굿의 '놀이'는 연극적이고 행위적인 것을 각각 의미한다.[11] 아래의 굿놀이와 민속놀이에서는 '놀이 중심의 모방' 경향을 어렵지 않게 발견할 수 있다. 그것은 단순한 경향에 머무르지 않고 삶의 활력으로 이어진다.

① 제2회[12] 〈무용극 입춘굿놀이〉, 〈마당극 영감놀이〉

② 제8회[13] 〈제주 굿놀이(神본풀이)〉

③ 제11회 〈사또놀이〉

---

11) 『한국민속예술사전(민속극)』(국립민속박물관, 2015), p. 73.
12) 이렇게 한 회에 두 작품을 공연한 경우에는 작품 수를 추가하지 않았다. 왜냐하면 한 회에 함께 공연한 작품이어서 1부, 2부의 성격을 지닐 수 있다고 보기 때문이다.
13) 제8회의 다른 작품인 〈풍물모음 굿놀이〉는 놀이 중심의 모방 요소가 적어 다루지 않았다.

①의 〈무용극 입춘굿놀이〉에서의 입춘굿놀이는 입춘에 제주목 관아에서 관민이 함께 치렀던 굿놀이다. 입춘이 되면 전도의 수심 방들은 관아 앞에 모여 목우(木牛)를 모시고 제를 지낸다. 이 작품은, 점을 치고 호장(戶長)의 지휘 아래 농사를 짓는 과정, 새를 쫓는 과정, 두 아낙네의 시앗싸움, 시앗싸움의 해결 과정 등을 실감나게 재현한다.

제1장은 호장, 엇광대, 빗광대, 초란장대 등 놀이꾼들의 행동을, 제2장은 엇광대, 미밋할미, 초란광대, 사냥꾼 등의 농사와 새 쫓는 과정을, 제3장은 미밋할미, 초란광대, 엇광대, 호장 등의 시앗싸움과 해결 과정을 각각 보여준다.

〈마당극 영감놀이〉에서의 영감놀이는 제주도의 무속의례인 무당 굿에서 펼쳐지는 놀이며 제주도무형문화재 제2호이다. '영감놀이'의 영감은 속신인 도깨비를 지칭한다. 이 작품은 한 처녀가 영감신의 해코지로 병을 앓게 되자 전국의 영감신을 청해 명산을 차지하게 된 내력을 해학적으로 풀이하는 과정을 거친 다음, 짓궂게 구는 막내 영감신을 꾸짖고 병을 치유한 후 모두 데려간다는 대목으로 끝난다.

첫째 마당에서 막내영감은 순덕이로 변신하여 앓은 병을 굿으로 치료할 것을 권유하고, 둘째 마당에서는 점치는 과정을 재현함으로써 영감신의 노여움을 풀려고 애를 쓰며, 셋째 마당에서는 영감신

칠형제가 헛튼춤을 추고, 순덕이의 병을 치유하며, 영감신을 퇴장시키는 장면이 차례로 이어진다.

②의 〈제주 굿놀이(神본풀이)〉에서의 제주 굿놀이는 구전신화이며 제주도에서 성행했던 무속제의 절차를 놀이로 보여주는 굿놀이다. 여기에서는 서사적 구조와 시적 음률을 갖춘 내력담이 펼쳐진다. 눈에 띄는 것은, 신을 청해 좌정시킨 후부터 제주 무속제 의식의 춤사위에다 타지방 무속의례의 기능적 춤동작이 접목되고 있다는 점이다.

이 작품의 구성은 제1장의 신을 청하는 과정, 제2장의 입춘맞이 본풀이 과정, 제3장의 삼공맞이 본풀이 과정(신칼춤, 향발춤, 산신춤), 제4장의 각도 비념 과정(퇴송 군무) 등으로 항목화할 수 있다.

③에서, 상두꾼들은 사또놀이를 시작하기 이전에, 고인과 비슷한 덕망을 갖춘 마을의 한 사람을 미리 선정하고, 가마·갓·망건·관복·담뱃대 따위의 사또 행색을 미리 마련한다. 장례의 역사(役事)가 끝나면, 상여꾼 대표자가 그에게 넙죽이 엎드려 절을 하며 "오늘 사또님 모시겠습니다." 하고 말한다. 그가 응하면 상두꾼들은 그를 가마에 태워 흥타령을 부르며 그의 집으로 간다. 그들은, 집에서 새롭게 단장한 그의 부인을 다시 가마에 태워 동네를 돌고 난 후 마을 잔치를 시작한다. 잔치가 끝난 후에도 그는 사또, 참봉 또는 훈장 따위의 명예 직함으로 불리게 된다.

제1장의 '꽃바구니춤'에서는 유채꽃이 만발한 들판에서 꽃바구니를 든 처녀들이 발랄한 춤을 추고, 제2장의 '혼보내기'에서는 망자가 입던 옷을 든 사람이 소리를 길게 세 번 내며 망자의 혼을 보낸다. 제3장의 '상가집 풍경'에서는 마을 남자들이 왁자한 윷판을 끝내고 사또 모시기에 대해 의논하며, 제4장의 '사또놀이'에서는 행상소리, 달구소리에 이어 봉분을 올리는 역사가 끝나면 앞으로 사또로 모실 마을 어른의 집으로 돌아와 마을 잔치를 벌인다.

이미 언급한 것처럼, 놀이가 아무리 연극적이고 행위적인 것이라 하더라도 그것을 가능하게 하는 바탕에 이야기가 있다는 점은 변하지 않는다. 따라서 ①, ②의 바탕에는 굿놀이 이야기가, ③의 바탕에는 사또놀이 이야기가 각각 자리 잡고 있는 셈이다.

3. 역할 중심의 모방

등장인물은 항상 작품의 주제를 강화하는 쪽으로 역할을 수행하게 마련이다. 하지만 등장인물은 주동인물에 한정되지 않는다. 등장인물은 주동인물인 경우도 있고 부인물인 경우도 있다. 다음 작품 중 ①은 주동인물의 역할을, ②는 부인물의 역할을 각각 모방한다.

① 제6회 〈김녕사굴제〉

② 제23회[14] 〈무용극—연(緣)〉

①에 등장하는 서련 판관의 역할은 마을 주민들에게 해악을 끼치는 뱀을 제거하는 것, 그것이다. 보기에 따라서 이 작품은 서련 판관의 역할로 시작하고 서련 판관의 죽음으로 끝난다고 해도 과언이 아니다. 그만큼 서련 판관의 역할이 이 작품에서 차지하는 비중은 크다.

제주 구좌읍 김녕리 마을 동쪽에 있는 큰 굴은 큰 뱀이 살았다고 하여 '뱀굴[蛇窟]'이라고 불린다. 마을 사람들은 이 뱀에게 해마다 처녀 한 사람을 제물로 올려 큰굿을 한다. 굿을 하지 않으면 뱀이 곡식밭을 다 휘저어버려 대흉년이 들기 때문이다. 그런데 양반집에서는 좀처럼 딸을 내놓지 않는다. 큰굿을 할 때 항상 평민의 딸을 제물로 올릴 수밖에 없었던 이유가 여기에 있다.

그즈음, 조선 중종 때의 서련 판관이 제주에 부임되어 온다. 서련 판관은 뱀굴의 소문을 듣고 괴이한 일이라며 분개한다. 그는 곧 처녀를 제물로 올려 굿을 하도록 명한 후, 몸소 군졸을 거느리고 뱀굴에 다다른다. 굿이 시작된 지 한참이 지나자 어마어마하게 큰 뱀이 굴에서 나와 술과 떡을 먹고 처녀를 잡아먹으려고 한다. 이때 서련 판관은 군졸과 함께 달려들어 창검으로 뱀을 찔러 죽인다. 이를 본

14) 제23회의 2부 작품인 〈혼(魂)의 열림〉도 행위 중심의 모방 요소가 적어 다루지 않았다.

심방이 "빨리 말을 달려 성(제주읍성) 안으로 가십시오. 어떤 일이 있어도 뒤를 돌아보아선 안 됩니다."라고 일러준다.

서련 판관은 말에 채찍을 놓아 무사히 성의 동문 밖까지 달린다. 이때 한 군졸이 "뒤쪽으로 피비[血雨]가 옵니다."라고 외쳤고, 이에 "무슨 비가, 피비가 오는 법이 어디 있는가."라고 중얼거리며 뒤를 돌아본 서련 판관은 바로 그 자리에 쓰러져 죽는다. 죽은 뱀의 피가 하늘에 올라가고 비가 되어 서련 판관의 뒤를 쫓아왔던 것이다.

김녕사굴과 관련된 변이로, 서련 판관 대신에 이삼만(李三萬)이 등장하는 이야기도 있다. 뱀을 죽이고 관아 마당에 이르러 뒤를 돌아본 이삼만은 즉사한다. 그 후부터 사람들은 정월 사일(巳日)에 '李三萬'이라 쓴 종이를 뱀이 잘 다니는 곳에 붙여 두었다. 뱀이 그것을 보고 무서워서 다니지 않았기 때문이다.

얼핏 보면 ②에서 작품을 작품답게 만드는 인물의 역할은 주동인물인 아버지 풍헌으로부터 나오는 것처럼 보지만, 실제로 그것은 부인물인 그의 아들과 딸로부터 나온다. 주동인물의 역할이 부각되는 ①과는 달리, 이 작품에서는 부인물에 해당하는 아들의 역할이 작품의 흐름을 이끌고 있는 것이다.

모관(제주시)에 사는 풍헌은 삼족을 멸하는 벌을 받게 되자 아들을 거지로 만든다. 거지가 된 아들은 우연히 정승의 눈에 들게 되어 같은 집에서 생활한다. 정승은 몹쓸 병에 걸린 아들의 혼인날이 다가오자 병든 아들 대신에 신랑으로 가는 풍헌 아들에게 신부와 육체관계를 맺지 말도록 당부한다.

다른 정승 딸인 신부가 첫날밤에 가만히 있는 신랑의 태도에 화를 내자 풍헌 아들은 가짜 신랑임을 털어놓는다. 하지만 신부는 풍헌 아들을 끝까지 지아비로 섬기겠다고 말하며 풍헌의 집으로 간다.

아들을 가짜 신랑으로 보낸 대가로 옥에서 풀려난 풍헌은 정승과의 약속을 못 지키게 되면서 다시 삼족이 멸하게 될 진퇴양난의 위기에 처한다. 이때 풍헌 딸이 신부를 자처하며 정승 집으로 간다. 풍헌 딸은 몹쓸 병에 걸린 신랑이 죽으면 자신도 죽겠다는 각오로 친정에서 가져온 독약 사발을 방에 두고 밖으로 나와 친정 쪽을 향해 절을 올린다. 그런데 이 약을 먹은 정승 아들이 깨어나 신부를 맞는다.

전 14장인 이 작품의 장면들을 장별로 열거하면, '연(緣)'을 환기하는 음악이 흐르는 제1장, 평화스러운 풍헌 집과 풍헌을 구속하는 포졸들이 등장하는 제2장, 거지로 살아가는 풍헌 아들이 정승 내외의 눈에 띄는 제3장, 병색의 아들 때문에 정승이 무엇인가를 각오하는 제4장, 풍헌 내외가 석방되고 이에 감격해 하는 제5장, 김정승 집 뜰에서 사람들이 바쁘게 혼례 준비를 하고 신랑 일행이 행차하는 제6장, 풍헌 내외가 딸을 위해 부처에게 치성하는 제7장, 가짜 신랑이 도착하여 혼례식이 절정에 이르는 제8장, 풍헌 아들이 초야에 가짜 신랑임을 고백하는 제9장, 아들의 행동에 노발대발하는 풍헌과, 남매가 신랑·신부로 위장하는 제10장, 풍헌 딸이 자결을 결심하고 부모에게 작별 인사하는 제11장, 풍헌 딸임을 알게 된 김정승의 분노가 폭발하는 제12장, 정승 아들이 약을 먹고 깨어나는 제13장, 총체적인 의미를 함축하는 의미의 음악과 막이 내리는 제14장 등이 될 것이다.

독자와 작품 사이에는 항상 일정한 거리가 놓여 있게 마련이다. 등장인물의 역할을 중심으로 작품을 감상하는 것도 그래서 가능하다. 그것은 작품을 객관적으로 평가하는 방법 중의 하나가 되기도 한다. 위에서 보듯이 그 '등장인물의 역할'은 주동인물과 부인물 중 어느 한쪽에 고정되지 않음을 알 수 있다.

4. 행위 중심의 모방

여기에서의 행위는 주로 이야기에 등장하는 주동인물의 행위를 가리킨다. 이렇게 등장인물의 범주를 한정하는 것은, 그렇게 할 때에 비로소 '행위 중심의 모방'의 구체적인 모습을 볼 수 있기 때문이다. 아래의 다섯 작품에서 모방 대상인 등장인물들의 행위는 ①, ②의 저항과 ③, ④의 기원으로 나타난다.

① 제5회 〈창작 무용 산방덕이—백록의 처녀〉

② 제21회 〈새천년 제주의 몸짓 '제주섬 연가'〉

③ 제10회 〈오돌또기〉

④ 제19회 〈바다의 침묵〉

①에서 선녀와 나무꾼은 결혼하여 행복한 생활을 영위한다. 하지만 제주목사의 횡포가 시작되자 그들의 행복도 끝난다. 제주목사의 횡포에 맞서 싸우다 죽으면서 그들은 시신을 산방산에 묻어달라고 유언한다. 산방산의 눈물이 떨어지는 가운데 상엿소리가 들리고 파도가 포효한다. 그리고 산방산이 흔들리기 시작한다.

제1막에서는 제1장의 백록의 춤, 제2장의 사냥의 춤, 제3장의 선녀의 춤 등이, 제2막에서는 제4장의 만남의 춤, 제5장의 결혼 축제의 춤, 제6장의 노동의 춤, 제7장의 이별의 춤 등이, 제3막에서는 제8장의 애원의 춤, 제9장의 항거의 춤, 제10장의 바람과 파도의 춤 등이 각각 펼쳐진다.

②에서 18세기 말엽 제주의 유망한 은사(隱士)의 집안에서 태어난 홍윤애는 타고난 미모와 뛰어난 자질로 이웃 사람들의 사랑을 받아온 낭자이다. 그녀는 1777년(정조 1년) 제주에 유배된 조정철과 사랑을 나누면서 기구한 운명에 직면하게 된다. 새로 도임해온 제주목사가 조정철 가문과는 골 깊은 정적이었기 때문이다.

조정철을 제거할 음모를 꾸민 목사는 끌려온 홍윤애에게 온갖 고문을 자행한다. 하지만 홍윤애는 목사의 간계에 말려들지 않고 끝까지 사랑하는 사람을 지키지만, 대신에 자신은 혹독한 고문으로 죽게 된다.

제주에서 27년 동안 긴 귀양살이를 한 조정철은 마침내 방면되고 전라방어사 겸 제주목사로 부임한다. 그는 도임하는 길에 홍윤애의 무덤을 찾아 짓눌려온 억울한 울음을 쏟아놓는다. 그는 정성껏 무덤을 가꾸고 애절한 사연의 시와 함께 비(碑)를 세운다. 그 후 제주시에 있던 무덤은 북제주군 애월읍 금덕리로 이장된다.

전 11장인 이 작품은 제주를 상징하는 음률, 불안하고 불균형적인 타악기 소리, 홍윤애와 조정철의 모습, 조정 무신들의 칼싸움이 차례로 이어진 후, 궁궐에서 자객과 군관들이 격투하는 제1장, 유배되어 오는 조정철 일행을 그린 제2장, 영어의 몸이 된 조정철이 자신을 한탄하는 제3장, 홍윤애와 조정철의 사랑 이야기를 담은 제4장, 김시구 목사가 부임하여 적소의 홍윤애를 발견하는 제5장, 홍윤애가 문초를 당하다 죽는 제6장, 조정철이 슬퍼하며 홍윤애의 넋을 달랠 것임을 다짐하는 제7장, 조정철이 복귀하여 재출발하는 제8장, 조정철이 제주목사로 부임하는 제9장, 조정철이 홍윤애의 무덤 앞에서 슬퍼하는 제10장, 원혼을 위한 천도재가 열리는 제11장, 홍윤애 무덤 앞 비문의 시가 나오는 제11장으로 구성되어 있다.

밭에서 글공부를 하던 ③의 김복수는 과거를 보러 가다 유구(琉球) 나라에 표류하게 되고, 거기에서 임춘향과 사랑에 빠지게 된다. 행복한 생활을 하던 김복수는 고향에 대한 그리움을 주체하지 못해 임춘향의 만류에도 불구하고 고향을 향해 떠나지만 거센 풍랑 때문에 배가 난파된 후 정신을 잃고 만다.

김복수가 폭풍에 밀려 닿은 곳은 꿈에 그리던 고향이었다. 고향에 돌아온 김복수는 고향에 온 기쁨을 맛보지만 그것도 잠시, 임춘향에 대한 절절한 사랑은 깊어간다. 언젠가 만날 수 있으리라는 막연한 기다림으로 김복수는 달 밝은 밤이면 임춘향에 대한 애절한 사랑을 오돌또기의 가락에 실어 보낸다.

이 작품에서 제1막은 김복수와 임춘향의 만남을, 제2막은 김복수가 탄 배의 난파 과정을, 제3막은 임춘향에 대한 김복수의 그리움을 각각 보여준다.

절부암 전설을 이야기의 기본 축으로 한 ④에서 고씨 처녀와 강씨 총각은 서로 좋아하는 사이이다. 강씨 총각이 차귀도에 대나무를 구하러 떠나고, 고씨 처녀는 떠난 강씨 총각이 아무리 기다려도 오지 않자 절벽의 커다란 팽나무에 목을 매고 죽는다. 하지만 이 작품에는 이야기의 전개보다 고씨 처녀의 심리 묘사가 우세하게 나타난다.

이 작품은 갯바위와 파도가 하모니를 이루는 서장이 끝난 후, 고씨 처녀의 꿈속의 사랑 이야기를 전하는 제1장, 대나무를 구하러 떠나는 강씨 총각의 안타까운 심정을 드러내는 제2장, 절부암으로 사라지는 강씨 총각과 죽은 고씨 처녀의 이야기로 끝나는 제3장으로 구성되어 있다.

①과 ②는 하나의 공통점을 지닌다. 주동인물이 반동인물에 저항한다는 점이 그것이다. ①의 산방산 선녀는 제주목사에게, ②의 홍윤애 역시 제주목사에게 각각 저항한다. ③과 ④도 하나의 공통점을 지닌다. 주동인물이 소망의 성취를 기원한다는 점이 그것이다. 구체적인 예로는 ③의 김복수가 임춘향과의 만남을, ④의 고씨 처녀가 강씨 총각과의 만남을 각각 기원하는 것을 들 수 있다.

'제주 민속무용 대본의 모방'은 동일하지 않고 오히려 다기하다. 구조 중심, 놀이 중심, 역할 중심, 행위 중심 등의 모방은 모방의 구체적인 경향뿐만 아니라 모방의 존재 방식도 함께 보여준다. 그것은, 물론 사람들이 막연하게 생각하고 있을지도 모르는 '제주 민속무용 대본'의 경향을 전체적으로 해명하는 작업은 아닐지라도 '제주 민속무용 대본'의 경향을 부분적으로 해명하는 작업임은 틀림없을 것이다.

IV. 제주 민속무용 대본의 표현

여기에서 말하는 표현은, 단순하게 눈앞에 있는 사물의 모양과 상태를 나타내는 것과는 차이가 있다. 무용의 경우에 국한해서 말한다면, 표현은 생각이나 느낌을 몸짓의 형상으로 드러내는 것을 뜻한다.

표현에 충실한 무용가는 마지막 단계에 이르러 자유의 영역을 발견할 수 있다. 니체가 무용수인 차라투스트라를 내세워 끊임없이 춤을 출 것을 권유한 것도 바로 이러한 점을 염두에 두었기 때문이다.

1. 소재 중심의 표현

사람의 감정적 반응은 대체로 사랑·분노·공포·슬픔·연민·기쁨 등이 될 것이다. 문학적 정서를 지성·감정·의지 등으로 보면, 감정적 반응의 중요성은 더욱더 커질 수밖에 없다. 소재 중심의 표현이란 작품 속의 특정한 소재를 중심으로 나타나는 감정적 반응을 의미한다.

① 제16회 〈너른 바당〉
② 제17회 〈서천꽃밭〉

①은 제주민요인 오돌또기의 애절한 사연보다는 사당패의 활기찬 몸짓을 춤으로 표현한 작품이다. 이 작품의 구성은 제1장에서의 '임춘향과 김복수의 슬픈 인연', 제2장에서의 '김복수와 임춘향의 사랑', 제3장에서의 '김복수의 귀향과 배의 난파', 제4장에서의 '임춘향을 향한 그리움' 등으로 요약된다.

②에서 꽃들의 능력이 발휘된 것은 어디까지나 그 꽃들이 '서천꽃밭'이었기 때문에 가능했다. 그러므로 서천꽃밭은 꽃들이 발휘하는 능력의 기반이다. 아무도 그것을 부정할 수 없다. 서천꽃밭에 대한, 그러한 인식이야말로 서천꽃밭에 있는 꽃들의 신비스러운 능력을 신뢰하게 만드는 힘이라 할 만하다. 그렇다면 우리의 관심은 이러한 꽃들을 거느리고 있는 서천꽃밭이 상징하는 것에 쏠리지 않을 수 없다.[15]

신화의 위대함과 타락에 대한 연구에서, 엘리아데는 시원적 인간에게 종교는 절대적인 가치를 지닌 성스러운 세계를 향한 통로를 알려 주며, 신화는 절대적이고 성스러운 가치의 전형적인 본보기를 보여준다고 주장한다. 그에 의하면, "신화는 다른 세계, 저 너머의 세계에 대한 인식을 자각하고 이를 유지하는 가장 일반적이고 효율

---

15) 김병택, 「이공본풀이·삼공본풀이의 의식시간과 의식공간 연구」, 『시의 타자 수용과 비평』(새미, 2014), P. 295.

적인 수단이다. 다른 세계가 신의 세계이건 조상들의 세계이건 말이다. 이 '다른 세계'는 초인간적이고 초월적인 차원, 실재의 지평을 표상한다."[16] 서천꽃밭이 상징하는 바는 여기에서 찾아야 한다.

이 작품의 막이 오르면 공간은 사랑 · 그리움 · 분노 · 욕망의 공간으로 구분되고, 여기에서 사람들의 일부는 사랑의 마음으로, 다른 일부는 욕망에 사로잡혀 살아간다. 안무자는, 삶이 고달프기는 하지만 세상은 사랑의 마음을 가진 사람들에 의해 유지된다고 믿고 있는 듯하다. 그리고 마지막 부분은 사람들이 마음에 간직하고 있는 서천꽃밭, 즉 마음속에 있는 사랑의 모습이 나타난다.

①에서의 바다와 ②에서의 서천꽃밭이 감정을 드러내는 매개의 역할을 수행하고 있음은 분명하다. 그것이 ①에서는 슬픔 · 사랑 · 그리움으로, ②에서는 사랑 · 그리움 · 분노 등으로 각각 나타난다. ①과 ②에서 공통적으로 두드러진 감정은 사랑이다. 바다나 꽃밭과 같은 소재가 '사랑'이라는 감정과 밀접하게 결부되는 경우는 문학 작품에서도 얼마든지 발견할 수 있다.

2. 계절 중심의 표현

여기에서 말하는 계절은 봄 · 여름 · 가을 · 겨울뿐만 아니라 절기까지를 포함한다. 다른 지역에서와 마찬가지로 제주에서도 세

---

16) 더글라스 알렌, 『엘리아데의 신화와 종교』, 유요한 역 (이학사, 2008), p. 269.

시풍속은 민중이 현실적 삶을 이어가는 데에 중요한 역할을 수행했다. 제주 민속무용이 그것을 적극적으로 반영하는 것은 자연스러운 일이다.

① 제9회 〈탐라세시기〉
② 제22회 〈비상! 제주 2001〉

①에서 세시풍속은 계절과 절기에 따른 소망을 표현하는 전승의식이었다. 그것은 정월대보름을 맞아 풍물패가 마을 곳곳을 돌면서 안가태평을 기원하고, 떠오는 달을 향해 서로의 소망을 빌었던 화반놀이와 달맞이, 청사초롱을 앞세운 꼬마신랑·신부의 혼례의식, 일 년의 횡액을 면하기 위한 입춘절, 목동들이 아침에 펼치는 군무 등에서 드러난다.

이 작품은 제1부의 화반놀이(제1장 화반놀이, 제2장 대보름 달맞이), 제2부의 세시모음(제1장 혼례놀이, 제2장 입춘금기), 제3부의 백중제(제1장 목동의 아침, 제2장 목동의 하루, 제3장 백중제) 등의 순으로 전개된다.

②는 평화의 섬 제주를 환상과 신비의 섬, 민속문화가 살아 숨 쉬는 섬으로 부각시키기 위해 제주 사계절의 상징을 옴니버스로 구성한 창작 작품이다. 동백과 노루가 어우러지는 겨울, 유채꽃이 만

발한 봄, 바다와 함께하며 제주 여인들의 인내와 사랑을 보여주는 여름, 들판에 조랑말의 함성이 퍼지는 가을의 모습이 차례로 펼쳐진다.

이 작품은 먼저 눈꽃 · 유채 · 해녀 · 조랑말 등 사계절의 상징을 제시한 후, 제1장에서는 눈꽃춤 · 동백꽃춤 · 노루춤 등을, 제2장에서는 나비춤 · 유채꽃춤 등을, 제3장에서는 파도춤 · 해녀춤 · 물허벅춤 등을, 제4장에서는 조랑말춤 등을 각각 보여주고 조랑말에 비상의 날개를 다는 것으로 끝을 맺는다.

계절을 배경으로 하는 춤과 어떤 효용성 사이에는 상관성이 적다. '계절'과 어떤 의도 · 목적을 달성하기 위한 춤은 쉽게 결합하지 못하는 것이다. 계절을 배경으로 하는 춤이 대부분 춤의 의도와 목적을 넘어서는 것도 이와 관련된다. 그런 점은 ①에서의 정월 대보름 · 입춘 · 백중제 등 절기에 따른 소망이나, ②에서의 계절에 따른 제주의 자연 등에서 확인된다.

3. 노동 중심의 표현

세상의 모든 노동은 어렵다. 이로 인해 노동에는 그 '어려움'에 따르는 감정이 수반된다. 만일 그 감정에 즐거움이 들어 있다면, 그것은 역설적인 것임이 틀림없다. 노동 중심의 표현은 대부분 역설적인 감정이 전개되는 그 자리에서 나타난다.

① 제4회 〈해녀춤〉, 〈물허벅춤〉

② 제12회 〈삼다도 이야기〉

③ 제18회 〈일이여, 놀이여, 춤이여〉

①의 〈해녀춤〉은 태왁 하나에 의지해 비창과 작살을 들고 망망대해를 누비는 제주 해녀들을 형상화한 무용극이다. 해녀들은 깊은 바다 속을 헤매는 고된 물질을 끝내고 사랑하는 가족이 기다리는 가정으로 돌아간다. 해녀들의 의지는 저녁노을과 어우러지는 아름다운 춤사위로 표현된다. 이 작품은 원래 1950년대에 송근우가 창작한 〈해녀춤〉인데, 제주도립예술단이 무대 예술로 재창작했다.

〈물허벅춤〉은 제주 여성들이 사용했던 물허벅을 소재로 창작한 제주 민속무용 작품이다. 이 작품 역시 제주도립예술단이 1950년대에 송근우가 창작한 〈물허벅춤〉을 무대 예술로 재창작한 작품이다.

수도가 없던 시절에 각 가정에서는 물허벅으로 물을 길어다 항아리에 보관했다. 이 작품은 생활 도구를 이용하는 여인들의 슬기로움을 무용화한다. 허벅에는 성인용과 아이용이 있었다. 제주 여인들은 허벅을 치며 흥을 돋우기도 했다.

②는 제주사람들의 탄생과 성장 과정을 보여준다. 그 과정에는

각종 질병에 따른 시달림을 이겨내거나 결혼에 이르는 고단한 삶의 단편도 들어 있다. 하지만 이보다 더 큰 비중을 차지하는 것은 노동으로 점철된 제주 여인들의 격정적인 삶이다. 이 작품에는 죽음과 그에 따르는 내세관 등도 포함되어 있다.

우리 삶의 일상적 국면들을 강렬하게 표출하는 이 작품의 춤들은 제1부의 탄생춤·푸다시춤·신랑각시춤, 제2부의 도랑춤·바닷바람춤·여청춤·가락거리와 서웃거리춤·돌의 춤·노동의 춤, 그리고 제3부의 저승사자의 춤·영게울림의 춤·환생의 춤 등으로 이어진다.

③은 무용극 형식에서 벗어나 제주인의 삶 속에 존재해 왔던 세시풍속과 노동을 춤으로 형상화한 작품이다. 이 작품은 계절에 따라 전개되는 놀이와 노동의 모습을 제주민요와 함께 보여준다.

'봄의 장'에서는 봄바람이 불어오는 들판의 모습을 춤으로 상징화하는 것으로 시작해서, 진달래꽃을 던지고 화전을 지져 먹으며 추는 연희적 춤과 제주도의 무사태평을 비는 의식무인 나비춤으로 마무리된다. '여름의 장'은 남성들이 따비질하는 모습, 곰배질하는 모습, 풀무작업장의 불미노동 모습으로 이루어진다. 그리고 '가을의 장'은 마을 사람들이 겨울을 준비하는 집줄놓기, 지붕열기의 모습과, 한해의 농사와 주민들의 무사태평을 기원하는 춤으로 이어진다.

이 작품에서 보여주는 춤들은 봄의 장에서의 화전놀이춤 · 진달래춤 · 칼춤 · 탑돌이와 바라춤, 여름의 장에서의 따비 노동춤 · 벙에 노동춤 · 풀무질 노동춤, 가을의 장에서의 집줄놓기춤 등이다.

노동 중심의 표현은 작품마다 약간의 차이가 있다. ①의 춤들이 생활과 밀착되어 있다면, ②의 춤들은 포괄적이고 추상적이다. ③에 이르러서야 춤들은 본격 노동의 모습을 보여주게 된다. 따비 노동춤, 벙에 노동춤, 풀무질 노동춤들은 그것의 구체적 예들이다. 이러한 춤들에 노동 중심의 표현이 수반되는 것임은 말할 필요가 없다.

'제주 민속무용 대본의 표현'에서 표현 대상으로 삼은 작품은 7편이다. 얼핏 보면 이들 중에는 표현 대상보다 모방 대상에 적합한 작품이라고 여겨질 만한 작품도 있다. ②의 〈서천꽃밭〉이 그것이다. 하지만 제주 민속무용 대본으로서의 〈서천꽃밭〉에는 원래의 이야기를 모방한 측면이 거의 노정되지 않는다. 이 작품을 표현 대상으로 삼은 이유가 여기에 있다. 다른 6편도 표현 대상이 되는 데에는 아무런 문제가 없는 작품들이었다.

V. 에필로그

지금까지 제주 민속무용의 두 경향인 모방과 표현에 대해 살펴보았다. 이제 그것을 간략하게 정리해 보면 다음과 같다.

제주 민속무용 대본의 모방은 네 가지로 구분된다. 첫째는 구조 중심의 모방이다. 그 구조는 대체로 '문제 발생→위기·고난→문제 해결'로 나타난다. 본풀이는 불안정한 구조를 보여주고 있는 데에 반해 전설과 민담은 안정된 구조를 보여준다. 둘째는 놀이 중심의 모방이다. 놀이가 아무리 연극적이고 행위적인 것이라 하더라도 그것을 가능케 하는 바탕에는 이야기가 있다. 셋째는 역할 중심의 모방이다. 등장인물은 주동인물에 한정되지 않는다. 주동인물인 경우도 있고 부인물인 경우도 있다. 넷째는 행위 중심의 모방이다. 이 행위는 주로 이야기에 등장하는 주동인물의 행위를 가리킨다. 모방 대상인 등장인물들의 행위는 저항과 기원의 모습을 지닌다.

제주 민속무용 대본의 표현에서의 '표현'은 생각이나 느낌을 몸짓의 형상으로 드러내는 것을 뜻한다. 표현에 충실한 무용가는 마지막 단계에 이르러 자유의 영역을 발견할 수 있다. 표현은 세 가지로 구분된다. 첫째는 소재 중심의 표현이다. 문학적 정서를 지성·감정·의지 등으로 보면, 감정적 반응의 중요성은 더욱더 커진다. 바다와 서천꽃밭이 감정을 드러내는 매개의 역할을 수행하고 있음

은 분명하다. 그것이 공통적으로 드러내는 감정은 사랑이다. 둘째
는 계절 중심의 표현이다. 이 계절은 봄·여름·가을·겨울뿐만
아니라 절기까지를 포함한다. 계절을 배경으로 하는 춤과 어떤 효
용성 사이에는 상관성이 적다. '계절'과 어떤 의도·목적을 달성하
기 위한 춤은 쉽게 결합하지 못한다. 계절을 배경으로 하는 춤에는
소망이, 그리고 제주의 자연이 형상화된다. 셋째는 노동 중심의 표
현이다. 노동에는 그 '어려움'에 따르는 감정이 수반된다. 노동 중
심의 표현은 대부분 역설적인 감정이 전개되는 바로 그 자리에 존
재한다.

참고 문헌

김병택. 『현대 시론의 새로운 이해』. 새미, 2012.
———. 『현대시의 예술 수용』. 새미. 2009.
김말복. 『무용예술의 이해』. 이화여자대학교 출판부, 2004.
———. 이지선·나일화. 『현대 무용 사상』. 이화여자대학교 출판문화원, 2016.
문무병. 『제주 민속극』. 각, 2003.
———. 『제주도 무속신화 열두본풀이 자료집』. 칠머리당굿보존회, 1998.
———. 『제주 큰굿 연구』. 황금알, 2018.
진성기. 『신화와 전설』. 제주민속연구소, 2001.

『제주도립예술단사(1990~2001)』. 제주도문화진흥원, 2002.
『한국민속예술사전(민속극)』. 국립민속박물관, 2015.
『한국민속예술사전(민속놀이)』. 국립민속박물관, 2015.

M. H. Abrams. *The mirror and the lamp*. Oxford Univ. Press, 1979.

제4마당

솔향에 대한 추억

무용인 김희숙과의 인연!

— 그 발자취를 회고하며

김 택 근(전 제주시립민속예술단 총지휘자)

무용이 좋아 한평생을 제주춤 발전에 밑거름이 되어온 무용인 김
희숙을 처음 만난 것은 1960년대 초반에 칠성통의 중앙극장에서
귀여운 재롱꾼들이 펼친 무용 발표회 무대였던 것으로 기억된다.
그렇게 첫 인연이 이루어진 이래 벌써 반세기 넘는 세월이 흘러갔
나 보다.

그 무렵 나는 서울에서 예술대학을 졸업하고 중앙 무대에서 활동
하다 귀향해서 제주연극협회에 가입하여 연극 활동에 미쳐 있던 시
절이다

그 후 세월이 흐르고 김희숙이 국악협회 회원이 되고 한라문화제
(지금의 탐라문화제) 무용 발표회 등에서 그 재능을 인정받으면서 성
장이 계속되어왔고, 개인 무용학원을 개설하여 무용인들을 양성 배
출하는 등 다각적인 활동을 꾸준히 전개해왔다.

그 당시 지방 예술 활동이란 참으로 배고픈 시절이었으며, 공연 활동 또한 자비를 들여가며 작품을 제작했고, 예술인의 인적 자원 또한 빈약하여 공연 작품을 기획할라치면 여기저기서 동호인들을 끌어모아 연습에 임하곤 했다. 공연 무대 또한 영화관인 제주극장이 유일한 극장이어서, 그 좁은 무대에서 어설프게 공연을 해야 했던 기억은 지금 생각해보면 격세지감을 떨칠 수가 없다.

이와 같은 과정을 거쳐 우여곡절 끝에 공연이 끝나고 나면 관객의 박수 소리에 위안을 받고 만족해야 했던 한 사람으로서, 무용인 김희숙 또한 외유내강인 듯한 천성으로 온갖 어려움을 극복하면서 오직 제주 무용 발전과 후진 양성에 몰두하는 모습을 지켜봐 왔다.

내가 무용 분야와 인연을 맺게 된 계기는 제주 민속무용의 창시자인 송근우 선생과의 만남이었는데, 그 당시 제주여중고 무용 교사였고 제주민속예술단(사설)을 발족하여 활동하던 송 선생과의 각별한 인연으로 무용 공연 활동을 함께하게 되었고, 1977년에는 칼호텔 카파룸(2층)에서 '민속무용 상설 공연'을 함께 운영하게 되었던 것이다.

공연이 끝나고 함께하는 자리가 마련되면 송 선생은 푸념처럼 "관립 무용단을 창단하는 게 내 평생소원"이라고 토로하곤 했는데, 살아생전의 그 한 마디를 내 뇌리에서 지울 수가 없었다.

존경하던 송 선생이 작고한 후 5년 뒤, 나는 몸담고 있던 북제주군청(문화공보실)을 사직하고 관립 예술단을 창단하기 위한 준비 작업에 동분서주하게 된다.

그 당시 관립 예술단체로는 제주시청 소속의 '제주시립합주단'과 '제주시립합창단'이 전부였다. 나는 제주시청(시장: 전창수)을 방문하여, 제주도가 정부 시책에 의해 한국 유일의 관광지로 개발되는 시점에서 "제주 고유의 민속 자원을 형상화하여 관광 자원으로 승화시킬 수 있는 민속예술단체 창단이 시급하다"는 취지를 건의했으나 일언지하에 거절당했다. 그러나 그 후 여러 차례의 면담과 설득 과정을 거치는 우여곡절 끝에 '제주시립예술단' 창단 허락이 떨어지게 되었다. 그래서 나는 무용인 김희숙을 찾아가 예술단 창단에 동참해줄 것을 부탁했고, 김희숙이 이를 수락하면서 그와의 숙명적(?)이고 끈질긴 인연이 시작된 것이다.

1985년 창단 당시 내가 총지휘자를 맡고, 김희숙이 무용단 단무장, 안사인(무속인)이 무속단 단무장을 맡아 제주시민회관에서 뜻깊은 창단 공연을 갖게 된다.

그러나 시립예술단은 비상임 단원 체제와 최소한의 공연 제작비만 제주시에서 지원받는 조건으로 창단한 터여서, 예산 부족은 물론이고 부족한 단원을 확보하는 문제 등, 무용단 단무장을 맡은 김희숙의 입장에서는 그 고충이 날이 갈수록 쌓여만 갔고, 술자리라도 마련되면 이제까지 쌓인 울분을 나에게 서슴없이 토해낸 적이

234

한두 번이 아니었다. 하지만 김희숙은 제주여중고 시절 무용 은사인 송근우 선생이 살아생전 염원해왔던 관립 예술단 창단을 나와 더불어 이루었다는 공감대와 성취감에 한마음이 되어 모든 시름을 털어버리곤 했다.

이와 같은 인적 자원의 빈곤과 재정적 어려움 속에서도 140여 회의 공연을 이룬 발자취는 김희숙뿐만 아니라 단원 모두의 뇌리에 희비가 교차하는 파노라마로 남아 있을 것이다!

그 후 서울올림픽 개최를 앞두고 제주도에 제주 민속을 전 세계에 알릴 수 있는 예술단체가 필요함을 느낀 도 당국에서는 '제주시립예술단'을 제주도가 인수하는 조건으로 '(재단법인) 제주도민속예술단'을 창단하게 되었고, 1988년 8월에 제주문예회관이 개관되면서 뒤늦은 제주도민속예술단 창단 공연을 갖게 된다.

제주문예회관 개관과 더불어 민속예술단을 총괄하는 직무를 맡게 되자 나는 최종 목표인 '제주도립예술단' 창단 작업에 몰두하게 되었고, 수개월 동안 도립예술단 설치 조례 등 본격적인 작업을 수행한 결과, 1990년 3월에 마침내 획기적인 '제주도립민속예술단' 창단을 보게 되었다.

돌이켜보면 10여 년에 걸쳐 시립민속예술단을 시작으로 도립민속예술단이 창단되기까지 온갖 역경과 좌절 속에서도 800여 회 이상의 국내외 공연 활동을 펼쳐왔으며, 제주 고유의 민속자료를 바탕으로 무용 작품을 형상화하는 과정 속에는 남에게 털어놓지 못할 숱한 대립과 갈등, 좌절의 시간도 있었으나, 나는 오직 도립민속예술단을 제주 민속무용에 바탕한 국내 유일의 관립 단체로 육성 발전시키고 말겠다는 고집스러운 집념밖에 없었다. 이 같은 뜻을 진솔하게 받아주고 동반자가 되어준 김희숙에게 항상 고마움과 미안함을 빚진 것처럼 느끼면서 살아왔으며, 그런 심정은 내 마음속에 깊이 각인되어 있어 평생 지울 수 없을 것이다.

그리고 제주 민속무용의 초석을 다져왔고 오늘날까지 나와 김희숙을 있게 해준 송근우 선생을 기리고 그 족적을 되새겨보기 위한 무대로서, 도내외 예술인들이 함께한 가운데 고두심(제주여고 무용부 출신)의 사회로 '(고)송근우 선생 추모 공연'을 제주문예회관 대극장에서 가진 것 또한 오래 기억에 남을 것이다.

이처럼 오로지 민속예술단 활동을 통하여 제주의 전통 민속예술을 국내외에 널리 알리고 그 기반을 다지는 데 헌신적으로 앞장서왔고, 제주 민속무용의 개발 전승과 후진 양성에 육십 평생을 끊임없이 바쳐온 무용가 김희숙이야말로 제주 무용사에 영원히 기록될 '제주 민속무용의 대모'로 남을 것이며, 공연 활동을 통해 국내외에 감흥을 안겨준 제주 민속무용의 춤사위는 곳곳에서 오랜 기억 속에 은은한 솔향이 되어 피어나리라.

무용가 김희숙의 예술적 헌신

현 행 복(제주문화예술진흥원장)

1. 들어가는 글─"노래와 춤은 한 뿌리[歌舞同源[1]]"

동양의 미학 사상을 총체적으로 보여주는 『예기(禮記)』의 「악기(樂記)」편에 보면 이런 구절로 첫 단락을 시작하고 있다.

"대저 음의 일어남은 사람의 마음을 통하여 생성되는 것이다. 사람
마음의 움직임이란 사물이 그렇게 하도록 하는 것이며, 또한 동시에
사람 마음이 사물에 감(感)하여 움직이는 것이다. 그러한 움직임이 소
리[聲]라는 매체를 통하여 구체적으로 형상화하는 것이다. 그러한 소
리가 서로 응하기에 어떤 변화를 띠게 되는데, 그 변화가 한 가지의 방

---

1) 歌舞同源(가무동원): "노래와 춤은 그 뿌리가 하나이다." 이 말의 유사한 쓰임새는 한 음
식점에 걸린 '藥食同源(약식동원)'이란 액자의 글에서도 찾아볼 수 있는데, 아마도 질병 치
료를 위해 사용하는 약물과 일상적으로 섭취하는 음식물의 근원이 동일함을 뜻하는 말일
게다. 여기에 빗대어 언뜻 노래와 춤도 마찬가지일 것이란 생각이 들어 '가무동원'이란 말
을 생각해보게 되었다.

식을 이루게 됨을 두고 일컬어 음(音)이라 한다. 그 음들이 나란히 배열되고 악기로도 소리를 내면서, 도끼와 방패를 들고 추는 춤인 무무(武舞)와 꿩의 깃털과 소의 꼬리를 잡고 추는 춤인 문무(文舞)에까지 이르게 될 때, 그것을 일컬어 악(樂)이라고 한다.[凡音之起 由人心生也 人心之動 物使之然也 感於物而動 故形於聲 聲相應 故形變 變成方 謂之音 比音而樂之 及干戚羽旄 謂之樂]"

여기서 특이한 점은 '사람 마음[人心]'과 '사물[物]'의 상호적 만남을 통해 음의 생성을 가능케 하는 요인으로 파악하려 시도하는 점이다. 결국, 그 단계란 4개의 과정을 거치면서 음악으로 완성하게 되는데, 곧 '사람 마음[人心]' → '소리[聲]' → '음(音)' → '악(樂)'으로의 진행이 바로 그것이다. 여기에서 우리의 관심을 끄는 대목은 그 마지막 단계인 '악(樂)'의 성립 조건이다. 반드시 무용이 최종적으로 포함된 상태라야만 '악(樂)'으로 인정함과 다름 아닌 것이다.

한편 『예기』의 「악기」편의 마지막은 또 이렇게 결말을 짓고 있다.

"대저 노래의 말이라는 것은 소리를 길게 해서 말하는 것인데, 기뻐함으로써 그것을 입으로 소리 내어 말한다. 입으로 말하는 것만으로는 만족치 않아, 그리하여 소리를 길게 해서 말한다. 소리를 길게 내어 말하는 것만으로는 만족치 않아, 그래서 억양을 높이거나 낮추면서 감탄의 소리를 내게 된다. 그런데 그렇게 차탄(嗟歎)하는 것만으로는 만족

치 않아, 나아가 손이 춤추고 발의 뜀을 알지 못하기에 이른다.[故歌之
爲言也 長言之也 說之故言之 言之不足 故長言之 長言之不足 故嗟歎之
嗟歎之不足 故不知手之舞之 足之蹈之也]"

결국 무도(舞蹈)가 발생하게 되는 원인이 바로 말과 노래에서 비
롯함을 강조하고 있음인데, 손이 춤추고 발의 뜀을 최종 단계로 파
악하고 있음이 주목하게 하는 대목이다.

흥미롭게도 「악기」편의 저자는 이 책의 그 첫 단락과 최종 단락에
서 공통적으로 무용을 등장시키고 있다. 곧 음악과 노래의 구성 요
건 가운데 무용이란 형태의 요소가 반드시 여기에 포함되어야 함을
당위적 귀결로 펼쳐 나가고 있음이란 그 시사(示唆)하는 바가 적지
않다.

＊　　　　　＊　　　　　＊

평소 내가 존경하는 김희숙 선생은 제주를 대표하는 춤꾼이다.
내가 한때 노래하던 사람으로서 김희숙 선생에 대해 관심을 내보임
은 지극히 자연스러운 일이었다. 제주의 자연 예술체험을 곁들여
벌이는 '우도동굴음악회'를 비롯해서 '용연선상음악회'와 '방선문계
곡음악회' 등의 자연 무대에 김희숙 선생을 초대하는 일이 그래서

강한 동인으로 작용했던 것이다. 지난 2003년 5월 용연에서 열린 용연선상음악회 때부터 그 후 거의 매년 독무로 혹은 군무의 형태로 이들 행사에 출연하곤 하였다. 특히 제주의 소리로만 엮어낸 가무악극 〈제주기 애랑〉 공연에서는 안무를 자임하다시피 맡아 매번 수고해주었음은 물론이다.

따라서 이 글에서 돌아볼 김희숙 선생에 대한 주요 관심사는 이와 같은 관련 기록을 중심으로 이야기의 실마리를 풀어나가고자 한다.

■ 김희숙 선생(제주춤아카데미)과 함께한 공연 기록 현황

(2003. 5 ~ 2016. 10)

공연명 연도	우도동굴음악회	용연선상음악회	방선문 계곡음악회	가무악극 〈제주기 애랑〉
2003년		• 독무: '용궁의 전설—심청전' 속의 넋풀이춤 (5월15일/용연계곡)		
2004년	• 독무: 넋풀이춤 • 군무: 산천초목 (10월 30일/우도 고래굴)			• 안무: 〈제주기 애랑〉 2회 (10월 21일/제주목관아, 10월 23일/성읍정의현청)

2005년			• 안무: 제2부 〈제주기애랑〉 '한라산화유' (5월 2일/방선문계곡)
2006년	• 독무:색즉시공(色卽是空)·공즉시색(空卽是色) (10월 21일/우도 고래굴)		• 안무: 〈제주기애랑〉 2회 (10월 13일/관덕정, 10월 14일/성읍정의현청)
2007년	• 군무: 〈이어도사나〉속 해녀춤(노래 현행복) (9월 8일/우도 고래굴)	• 독무: 승무 (8월 26일/용연계곡)	• 안무: 〈제주기애랑〉 (12월 12일/문예회관 대극장)
2008년	• 독무: 〈한오백년〉(노래 현행복) (10월 12일/우도 고래굴)		• 안무: 〈제주기애랑〉 (10월 11일/우도 고래굴)
2009년			
2010년	• 독무: 〈한오백년〉('현행복 독창회—공명') (11월 5일/우도 고래굴) *부대행사: '현행복의 『우도가』 출판기념회' 특별출연 (11월 5일/우도면 복지회관)		
2011년			

2012년		• 2인무(+강광옥): 산신과 용왕신의 만남 (6월 16일/ 용연계곡)		
2013년		• 2인무(+강진형): 용연의 풍류 (5월 25일/용연계곡)		
2014년		• 2인무(+강진형): 삼신인과 이국공 주의 만남 (9월 26일/용연계곡)		
2015년				
2016년	• 독무: 〈서우젯소리〉 • 군무: 〈이어도사나〉 (노래 현행복) (10월 30일/우도 고래굴			
비 고		*용연선상음악회는 '용연야범재현축 제'라고도 불린다.		

2. 김희숙 선생과의 인연 속에 치러진 여러 공연들

가. 용연선상음악회

용연선상음악회는 지난 1999년 5월에 처음 열렸었는데, 제주시가 주최하고 동굴소리연구회(대표 현행복)가 주관을 맡아 3년간 진행해오다가, 행사의 규모가 용연야범(龍淵夜泛) 재현축제로 확대되면서 조직위원회 주관 체제로 바뀌어 열리게 되었다.

2003년 행사 때 김희숙 선생이 독무 '넋풀이춤'을 추면서 처음 참여하게 되었다. 이때의 상황을 잠시 떠올려보면, 전체 프로그램 구성이 '용궁(龍宮)의 전설—심청전(沈淸傳)'을 주제로 하여 펼쳐졌다. 김희조 작곡의 '인당수의 뱃노래'가 합창으로 전개되고, 이어서 실제로 '심청이로 분한 연기자[2]'가 바다로 뛰어드는 장면까지 연출되었다. 이윽고 등장한 게 하얀 소복 차림의 김희숙 선생으로, 바다에 빠져죽은 젊은 여성의 혼을 위무하는 넋풀이춤이 이어졌던 것이다. 무악 시나위 음률의 구성진 구음소리에 맞춰 장삼 자락 펄럭이면서 느리고 잔잔하지만 때론 격렬한 몸짓의 춤사위가 테우 선상에서 펼쳐졌다. 유한한 인간 삶의 모진 운명을 마치 양파껍질 벗겨내듯

---

2) 이날 '심청이로 분한 연기자'는 제주시 외도수영장에 상주하는 한 여성 수영 전문 코치로, 특별출연 형식으로 섭외해 이 행사에 참여시켰다. 바로 배 위에서 인당수에 몸을 던지는 심청이의 역할인데, 테우 선상에서 바닷물 속으로 다이빙해 들어가 물속에서 잠영한 후 뭍으로 나오는 임무를 맡아 성공적으로 수행했다.

한 겹씩 풀어헤쳐 나가는 그 모습을 바라보면서 한편 나도 몰래 눈시울이 붉어져옴을 느낄 수 있었다. "그래, 바로 이런 게 예술이야. 다 미리 짠 각본대로 행해지는 것이건만, 그런 사실이 이미 알려졌어도 절로 감동이 일어나게 만듦이란 예술의 진정한 힘의 소산인 것이다!"

이날 안숙선 명창은 판소리 〈심청가〉 중에서 '심봉사 눈 뜨는 대목'을 이어서 보여주었는데, 행사가 다 끝나고 난 뒤 내게 귓속말로 이렇게 말하는 게 아닌가. 자신이 여태껏 수없이 많이 〈심청전〉 무대를 서 왔건만, 오늘처럼 실감 나고 감동적인 무대는 없었다고 말이다.

그 이후 김희숙 선생이 용연선상음악회 무대에 다시 출연하게 된 것은 그로부터 4년이 지난 2007년 8월로서 독무로 '승무(僧舞)'를 선보였다. 그 이후 2012년과 2013년 그리고 2014년에 세 번에 걸쳐 남자무용수 1인과 더불어 제각기 2인무를 선보이기도 했다. 미리 두 척의 테우 중 각 배에 분승한 채로 있던 무용수가 남쪽과 북쪽에서 동시에 출현하여 무대 중앙에서 만나면서 제각기 '산신(山神)과 용왕신의 만남', 그리고 '삼신인과 이국 공주의 만남'을 상징화하면서 화려한 춤사위로 재현해내곤 했다.

나. 우도동굴음악회

우도동굴음악회가 첫 문을 연 것은 지난 1997년 9월의 일이었지만, 김희숙 선생과 그의 문하생들로 결성된 제주춤아카데미 단원들이 동굴음악회에 처음 출연한 것은 지난 2004년 10월이었다. 독무로 출연할 때의 김희숙 선생의 의상은 소복 차림의 흰색 모시적삼 종류여서 검은 현무암 일색의 바다동굴이 뿜어내는 색깔과는 자연 대조적이어서 조화를 이루었다. 특히 독무로 출연하는 경우 그 춤사위의 반주는 대개 내가 부른 한국민요 〈한오백년〉이 주종을 이루었고, 제주춤아카데미 단원들이 출연하는 경우 또한 내가 부른 제주민요 〈이어도사나〉의 선율에 맞춰 해녀춤의 율동을 주로 선보이곤 했다.

특히 김희숙 선생과 함께 꾸민 동굴음악회 가운데 가장 기억에 남는 공연은 지난 2010년 11월에 열린 음악회였다. 사실 이때의 동굴음악회는 그 예산이 제주도에서 지원하던 예년과는 달리 아예 본예산에 빠져 있음을 뒤늦게야 확인한 터라 난감하기 그지없는 형편이었다. 해당 주무부서의 예산 담당자는 부득이 올 한해는 음악회 개최를 포기했다가 내년에 다시 본예산에 포함시켜 시행해보자고 권유하는 터이다.

이때 궁여지책으로 낸 의견이 다름 아닌 '현행복 독창회'를 동굴에서 여는 것이었다. 피아노 반주자에게 줄 예산만 확보하면 나머지 부대비용은 팸플릿 광고비 등으로 그럭저럭 마련하여 최저의 예산 수행이 가능할 거란 생각이 들었기 때문이다. 그렇다면 반주용 그랜드피아노를 동굴에 어떻게 설치한단 말인가. 난제가 아닐 수 없었다. 그렇지만 '궁(窮)하면 통(通)한다'고 하지 않던가. 자연의 섭리를 지혜롭게 활용한다면 어느 정도 가능할 것이란 생각이 들었다. 우도의 고래굴은 평상시 만조 때가 되면 동굴이 바닷물에 잠기는 특징이 있다. 그때의 시간을 활용해서 피아노를 테우에 실은 채 동굴 내부로 진입해보면 어떨까 하는 것이었다. 그러다가 간조 때가 되면 자연스레 물이 빠지면서 마치 동굴에 그랜드피아노가 설치된 형태로 될 것이고, 이후 다시 만조 때를 활용해서 동굴에서 빠져나오는 방법을 쓰면 될 터였다.

김희숙 선생은 이런 저간의 상황을 전해 듣자 출연료 유무에 상관없이 흔쾌히 무대에 서는 일에 동의해주었다. 나는 총 12곡의 노래를 혼자서 부르는데, 그중 〈한오백년〉 노래에 맞춰 한국 전통춤을 선보일 계획이었다. 예상은 적중했다. 모든 게 계획한 대로 이뤄졌고, 한마디로 대성공이었다.

이날 김희숙 선생은 부대행사로 오전에 우도면 복지회관에서 열린 '현행복의 단행본 『우도가(牛島歌)』 출판기념회' 무대에서도 특별출연으로 참여해서 행사를 빛내주었다. 한 사람의 몸짓이 뿜어내는 아름다움이 이토록 감동적이고 황홀함을 선사함이란 실로 체감해

보지 않고서는 도저히 확인할 수 없을 것이란 확신이 서게 하는 소중한 인연의 만남 그 자체였다.

16세기 초반 조선조 형조판서를 지내던 충암(冲庵) 김정(金淨) 선생이 제주에 유배를 왔다가 남긴 시 「우도가」의 한 대목에 이런 구절이 있다. "太陰之窟玄機停(태음지굴현기정)—태음(太陰)의 기운이 서린 동굴에 현묘(玄妙)한 이치가 머문다." 어쩌면 김희숙 선생과 함께 꾸민 이날의 동굴음악회는 바로 그 현묘한 이치가 태음의 기운을 받아 실천에 옮겨진 실제 사례가 아니겠는가.

김희숙 선생이 동굴음악회에 출연한 건 지난 2004년과 2016년 사이 총 여섯 차례인데, 독무 5회와 군무 3회의 기록을 보여준다. 그중 독무의 경우 나의 〈한오백년〉 노래에 맞춰 행해진 데 비해 군무의 경우 역시 나의 제주민요 〈이어도사나〉에 맞춘 해녀춤을 선보이곤 했다. 우도의 바다동굴의 특성상 해녀들의 물질 작업을 연상시키는 소중기 차림에 테왁 망사리를 들고서 추는 해녀춤은 관객들에게 많은 박수갈채를 받았다. 예컨대 제주춤아카데미의 어떤 단원은 동굴 속 물이 고인 웅덩이에 몸을 담그는 정열적(?) 춤사위를 선보일 정도로 현장의 적응능력도 뛰어난 기량을 내보이기까지 했다. 이 모든 게 스승인 김희숙 선생의 평소 가르침의 영향이 아니고 무엇이겠는가!

다. 방선문계곡음악회

제주시 오등동에 위치한 방선문계곡은 속칭 '들렁귀'라고 불리는 곳이다. 예전부터 봄철이면 계곡 양안에 핀 참꽃이 장관을 이루면서 상춘객들의 발길이 이어지는 곳으로 '영구춘화(瀛丘春花)'라 하여 '영주십경(瀛洲十景)'의 하나로 널리 알려진 곳이기도 하다. 특히 이곳에 발달한 마애석각(磨崖石刻)은 유명한데, '등영구(登瀛丘)'란 제하의 오언절구를 비롯하여 수많은 인사들이 다녀간 흔적이 여전히 남아 있기도 하다.

이곳에서 처음 계곡음악회를 연 것은 지난 2004년 봄이었는데, 바로 이듬해에 이곳에서 열린 음악회에 제주춤아카데미 단원들이 참여해서 멋진 춤사위를 선보였다. 결국 이곳은 동굴소리연구회가 기획한 자연체험 예술 공간으로서 우도동굴과 용연계곡에 이은 세 번째 시도의 장소였던 셈이다.

라. 가무악극 〈제주기 애랑〉

제주소리 가무악극 〈제주기(濟州妓) 애랑(愛娘)〉은 한국고전소설의 백미라 일컬어지는 「배비장전(裵裨將傳)」을 각색한 것이다. 본래 이 작품은 판소리 12마당 중 하나로서 한국고전 중 해학소설의 대표격에 해당하는데, 창극·마당극·뮤지컬 등 다양한 음악양식으로 무대화되어왔다. 그런데 작품의 배경이 제주라면 그 음악적 소재 또한 제주적 요소를 차용할 법도 한데 그렇지 않음에, 제주 출신 음악인으로서 늘 불만이 있어왔다. 결국 나는 기존의 대본에서 곁가지를 과감하게 생략하고 개연성의 차원에서 내용을 추가하여 제주민요의 선율로 노래하도록 재구성하였다. 결국, 순전한 제주민요 선율이 이 작품에서 불리는 아리아와 중창, 합창이요 아울러 배경음악이면서 동시에 무용 반주음악으로까지 확대했다.

제주소리 가무악극 〈제주기 애랑〉은 이른바 사랑과 화해로 엮어낸 '소재의 재해석'과 제주의 소리로 풀어낸 '양식의 재창조' 작업에 의해 새로 태동하게 된 희가극(Opera Comique)인 것이다. 그러면서 궁극적으로는 이 작품을 제주 문화 자원의 하나로 인식되도록 발전시켜나갈 계획이었다. 여기에 김희숙 선생의 안무가 곁들이면서 한국 전통무용의 우아함과 섬세함, 그리고 기생문화의 특장까지 연출되면서 작품의 완성도를 한층 끌어올릴 수 있는 가능성을 예고했다.

이 작품의 첫 공연은 2004년 10월에 이 음악극의 실제 배경인 제주목관아 관내와 성읍정의현청 앞마당 두 곳에서 한 차례씩 연이어 열려 호평을 받았다. 그 후 2년 뒤인 2006년 10월에는 관덕정과 성읍정의현청의 야외 특설무대에서 열렸고, 이듬해인 2007년 12월에는 문예회관 대극장에서 열려 작품의 집중도를 높이고 실내극장용 공연으로서의 가치도 제고하는 결과를 창출해내게 되었다. 결국,

이 공연의 타이틀 롤의 '애랑(愛娘)'은 기생 역으로서의 교양과 기예를 한껏 발휘하면서 노래와 춤의 화신으로 재탄생하게 되는데, 안무를 맡은 김희숙 선생은 이의 캐릭터 설정에 결정적 역할인 조언을 서슴지 않으면서 작품을 시종일관 흥미진진하게 이끌어 그 역동성을 배가시켜주었다.

3. 나오는 글—"춤을 보면 덕을 알 수 있다[觀舞知德[3]]"

옛말에 "춤을 보면 덕을 알 수 있다[觀舞知德]"라고 했다. 이 말은 춤이란 게 단순한 기량만으로 충족되는 게 아니란 사실을 웅변적으로 보여준다. 그게 한 사회이건 한 개인이건 상관없이 두루 통용되며 적용되는 말일 테다.

김희숙 선생은 제주를 대표하는 무용가이다. 수많은 제자를 길러낸 무용 교육가이기도 하다. 그러면서 더불어 공연예술 활동의 조력자이기도 하다. 내가 벌여온 제주 자연을 배경으로 한 야외 기획 공연이 성공할 수 있었던 배경에는 바로 김희숙 선생과 같은 분의 숨은 공로가 있었기에 가능한 일이었다. 때론 독무의 넋풀이춤이나 승무로 아름다운 춤사위를 선보이는가 하면, 때론 군무의 해녀춤이

---

3) 觀舞知德(관무지덕) : "춤을 보면 덕을 알 수 있다." 이 말은 본래 "그 나라의 음악을 들으면 그 나라의 정치를 알 수 있고, 그 나라의 춤을 보면 그 나라 사람들의 덕을 알 수 있다.[聞樂知政 觀舞知德]"라고 함에서 연유한 말이다.

건 규방춤이건 문하생들을 지도해서 흔쾌히 행사에 참여하면서 그 존재감과 예술성을 부각시키곤 했다.

그러고 보면 김희숙 선생은 덕이 많은 분이다. 그 주위에 늘 이웃하는 사람들이 많기 때문이다. 공자님도 말씀하시길, "덕이 있는 사람은 외롭지 않아 반드시 주위에 따르는 사람이 많다[德不孤必有隣]"라고 하지 않았던가.

이제 김희숙 선생의 평소 관심사였던 제주의 전통 색깔을 담은 춤사위와 실험적 안무 개발을 통해 이룩한 제주춤의 위상이 점차 드러나면서 무대에서 재현되길 기대해본다. 아울러 다른 예술 장르와의 폭넓은 공동 작업을 벌이는 현 단계 제주 무용계의 발전상을 보면서, 제주 예술계의 원로로서 흐뭇한 미소를 지어 보이며 안도감에 젖어 있을 선생의 모습을 새삼 떠올려본다.

선생님, 우리 솔향 선생님

강 진 형(제주도립무용단 수석단원, 솔향춤보존회 회장)

솔향 김희숙 선생님은 타고난 춤꾼입니다. 춤 말고는 해본 게 없습니다. 아니, 춤 말고는 할 줄 아는 게 없습니다. 선생님은 그야말로 한평생, 춤을 춘 게 아니라 온몸으로 춤을 살았다고 하겠습니다.

그런 선생님께 춤을 배울 수 있었던 것이야말로 나에게는 크나큰 행운이었습니다. 제주도에서 춤을 춘다면 누구나, 특히 집안에서 반대가 심했을 때였습니다. 그것도 여자가 아닌 남자가 춤을 춘다면 두말할 여지도 없었지요.

그러나 선생님을 만나고 나는 그렇게 힘들지 않게 춤의 길을 걷게 되었습니다. 처음 대했을 때 선생님의 인상은 매우 자상하고 부드러웠던 것으로 기억이 되나, 반면에 카리스마는 무서움을 느낄 정도로 나를 압도했습니다.

선생님은 각별한 성심으로 나를 지도했으며, 언제나 멋있는 활력으로 춤에 대한 열정을 불사르셨습니다. 그런 선생님의 모습에 감동을 받은 나는 선생님께 제자가 되기를 청했고, 그렇게 맺은 사제지간의 우산 아래서 제주춤의 역사와 한국무용의 정수를 섭렵할 수 있었습니다.

고등학교를 졸업하고 무용을 배우러 상경했습니다. 2년 정도 발레 학원을 다녔는데, 주변 여건이 좋지 않아 어쩔 수 없이 제주로 돌아왔습니다. 춤을 포기할 생각까지 하면서 한때 방황했는데, 그런 나를 선생님이 불러서는, 무용단에 가입해서 활동할 것을 권하셨지요. 그래서 나도 마음을 다잡고 춤의 세계로 돌아올 수 있었습니다. 덕분에 한국무용으로 경력을 쌓을 수 있었고, 그 덕분에 대학 무용과에 진학할 수 있었던 것입니다.

선생님은 제주도립민속예술단을 창단하고 상임 안무자로 활동하면서 10여 년 동안 제주춤을 반석 위에 올려놓았습니다. 그 기간에 선생님이 일군 결실은 제주민속과 제주무용의 앙상블을 구현한 일입니다. 은사인 송근우 선생님이 개발한 〈해녀춤〉과 〈물허벅춤〉을 전통과 현대가 어우러진 공연물로 재창조했으며, 굿판의 춤사위를 군무 형식의 무대 예술로 형상화하기도 했습니다.

제주도립예술단의 후신인 제주도립무용단은 오늘날 세계로 무대를 넓히고 있을 만큼 대단한 활약을 펼치고 있는데, 그 초석을 다진 이가 솔향 선생님이라는 사실에는 누구나 고개를 끄덕일 것입니다.

선생님은 높은 가락으로 장구를 두드리며 흥과 신명으로 무용단 단원들에게 정확하리만치 세밀한 춤동작을 가르쳐주셨고, 그런 선생님의 교육 방법이 나에게는 큰 감동과 자극을 주었던 것 같습니다.

춤추는 사람으로서의 성실한 자세를 부단히 일깨워주시던 그때의 선생님을 나는 아직도 잊을 수 없습니다. 나에게 선생님은 늘 자상함과 강단을 겸비한 인상으로 새겨져 있습니다. 도립예술단 시절에 선생님은 단순한 안무자가 아니라 병아리를 품 안에 거느린 암탉 같았습니다. 공연과 관련한 문제로 관계 공무원과 협의를 할 때 보면, 무용을 위한 일이라면 한 치의 양보나 머뭇거림이 없었습니다. 연습할 때는 그렇게 엄격해서 사소한 실수도 꾸짖었지만, 공연 중의 실수에 대해서는 오히려 관대했습니다. 공연이 끝난 뒤에 야단맞을 각오로 있으면, 실수는 누구나, 언제라도 할 수 있다는 태도로 눈감아주곤 했지요.

작품을 위해서라면 주위 시선에 아랑곳하지 않고 한 가지에 몰두하는 선생님의 힘, 안무에 들어가면 당신 자신의 내부를 혹독하게 다스리는 집념어린 열정. 이 같은 노력과 열정이 없었다면 아마 오늘날의 제주도립무용단은 존재하지 않았을 것입니다.

현역에서 물러난 뒤에는 무용학원을 열어 제자들을 키워내는 데 진력했습니다. 선생님의 학원은 제주 춤꾼 양성의 산실이었고, 여기서 배출된 무용가들 중에는 제주와 서울에서 크게 활약하고 있는 인재도 여럿입니다. 게다가 딸까지 무용가로 키워냈으니, 선생님의 춤에 대한 집념과 열정은 이렇게 대를 이어 흐르고 있는 것입니다.

언젠가 어느 절에서 열린 천도재 때 선생님의 진혼무를 본 적이 있습니다. 그 아담한 체구가 춤사위를 펼칠 때, 그 여리듯 작은 몸짓 속에 용암 같은 에너지가 응축되어 바르르 떠는 것을 느낄 수 있었지요. 절제된 동작이어서 더욱 가슴을 울리던 감동은 나 혼자만의 것이 아니었습니다. 그 자리에 모인 유족이며 신도들 가운데 느끼지 않는 이가 없었으니까요.

솔향 선생님은 암투병 중에도 누가 부르면 달려가 춤을 추었습니다. 회복된 뒤에는, 암균도 그 열정에 겁을 먹고 달아난 거라고 주위에서는 말합니다.

제주도는 땅이 척박한 탓인지 문화도 척박한 형편입니다. 생산은 빈약하고 향유는 인색합니다. 거기에다 예술, 그중에도 무용은 한때 무시 또는 멸시의 대상인 적도 있었지요. 이렇게 험난한 풍토에서 꿋꿋이 춤의 외길을 걸어온 것은 타고난 천품과 열정을 겸비했기에 가능한 일이었습니다.

제주 무용계의 거목이신 솔향 김희숙 선생님의 예술혼은 후학들에게 길이길이 이어지며 꽃피우게 될 것입니다. 선생님의 춤꾼 60년 인생에 경의를 바치면서, 그 기념으로 펴내는 이 책의 한 자리를 빌려 선생님께 무한한 감사를 드립니다.

편집자의 말

큰 일이든 작은 일이든, 일은 우연히, 소소하게 시작되는 법이다. 이 일이 시작된 것도 제주시 연동 어느 뒷골목에 있는 식당에서였다. 때는 2016년 10월 어느 날 저녁.

그날 '제주 월드 뮤직 오름 페스티벌' 공연이 수목원에서 있었고, 그 공연에 출연한 '제주춤아카데미' 단원들과 그 공연을 참관한 '예담길' 몇 사람이 뒤풀이 삼아 모인 것이다.

술이 몇 순배 돌고 난 뒤, 솔향 김희숙 선생이 지나가는 말처럼 한마디 했다. 다섯 살 때 처음 무대에 올라 춤을 추었는데, 몇 해 뒤면 춤꾼 인생도 회갑을 맞는다는 것.

이 말에 좌중의 누군가가 받았다. 그렇다면 그냥 넘길 수는 없잖우꽈?

이 말에 너도나도 한마디씩 거들고 나섰다. 이런저런 소리가 술잔에 담겨 넘나든 끝에, 춤꾼 인생 60년에 맞춰 그를 기념하는 책을 펴내자는 이야기가 나오고, 설왕설래가 무르익고, 마침내 그렇게 하자고 결론이 났다. 그리고 누군가가 한마디 보탰다. 김 아무개가 책을 많이 내봤으니, 편집은 김 작가한테 맡기기로 합시다.

이게 무슨 날벼락이냐 싶어 곁눈질로 좌중을 둘러보다가 그만 솔향과 눈길이 마주쳤고, 거기서 뿜어져 나오는 눈빛에 그만 걸려들고 말았다. 하여 부득이하게 편집을 맡고 나서도, 아직은 시간이 많이 남아 있으니 염두에 담아둔 바도 없이 세월을 보냈다. 책을 내는 일이 유야무야될지도 모른다는 기대도 내심 하면서. 그랬는데 작년 봄에 예담길 회식 자리에서 이 건이 불쑥 거론되었고, 솔향과 김광렬 시인과 나, 이렇게 셋이 연동 뒷골목의 허름한 횟집에 모여, 편집회의랄 것도 없는 술자리를 가졌다. 여기서 대충 의논한 것이 다음과 같다.

1) 솔향과의 속 깊은 대화를 통해 그의 삶과 춤의 여정을 추적하여, 춤과 더불어 살아온 생애를 자전적 회고담으로 풀어낸다.

2) 솔향이 춤꾼으로 살아온 60년은 제주무용의 역사와도 거의 겹치니, 여기에 대해 간략하게 정리하는 글도 함께 실어서 제주춤의 자취를 사적, 공적 시각으로 살펴본다.

3) 더불어, 제주춤의 속내를 들여다보는 글도 더해서 제주춤의 세계를 좀 더 넓고 깊게 이해할 수 있도록 한다.

첫 번째 꼭지는 솔향의 어릴 적 친구인 수필가 고미선 씨가 맡아, 지난 시절 함께 공유한 추억과 기억을 되살리며 솔향의 회고를 받쳐주었다.

두 번째 꼭지는 자료를 취합 정리하는 노고가 필요한 일이어서 신문기자 출신의 평론가인 김동현 씨가 맡아, 제주춤의 뿌리와 그 전개를 살펴주었다.

세 번째 꼭지는『제주 예술의 사회사』를 집필하여 제주 예술 일반에 대한 인문학적 안목을 보여준 바 있는 김병택 교수가 맡아, 제주 춤의 바탕에 내재한 요체를 파악해주었다.

위의 글을 (어쩌면 억지로 떠맡았음에도) 성심껏 집필해준 세 분에게, 그리고 솔향의 활동을 곁에서 지켜본 추억담을 써준 세 분—김택근, 현행복, 강진형 제씨—에게도 편집자로서 감사를 드린다.

편집자로서 감사드릴 곳/분은 또 있다.

이 책은 무용에 관한 것이어서, 책이면 문학, 무용이면 공연으로 분야를 한정해서 지원하는 공공 문화예술 지원 사업에는 신청하기가 어려웠다. 그래서 아쉬운 터에, '재암문화재단'(이사장 송봉규)과 '치아세상치과의원'(원장 김병석)은 스폰서로 도와주었다.

제주문예재단, 한국예총제주지회, 제주도립무용단에서는 자료 사진을 이용할 수 있도록 허락해주었고(이 과정에 김석범 씨는 발품을 팔아주었다), 서예가 박홍일 씨는 제목 글씨를 멋지게 써주었다. 이 자리를 빌려 거듭 감사를 드린다.

이 책은 대단한 성과물은 아니지만, 한평생 (그것도 문화예술의 변경에서) 한 우물을 파면서 나름의 성취와 기여를 이룬 한 예술가를 대접하는 방식으로는 뜻있는 일이라 믿는다. 제주 예술이 성장하고 발전하려면 우리 것을 먼저 아끼고 소중하게 여기는 마음과 태도가 바탕에 깔려야 한다고 했을 때, 하나의 본보기가 되리라는 것이다.

이 책의 출간 작업에 연계되어 '솔향의 제주춤 60년'을 기리는 공연이 마련되었음도 기쁜 일이 아닐 수 없다. (김석희)

춤을 살다
— 솔향의 제주춤 60년

초판발행일 | 2019년 12월 7일

지은이 | 김희숙 외
펴낸곳 | 도서출판 황금알
펴낸이 | 金永馥

주간 | 김영탁
편집실장 | 조경숙
인쇄제작 | 칼라박스
주소 | 03088 서울시 종로구 이화장2길 29-3, 104호(동숭동)
전화 | 02) 2275-9171
팩스 | 02) 2275-9172
이메일 | tibet21@hanmail.net
홈페이지 | http://goldegg21.com
출판등록 | 2003년 03월 26일 (제300-2003-230호)

값은 뒤표지에 있습니다.

ISBN 979-11-89205-52-2-03680

*이 책 내용의 전부 또는 일부를 재사용하려면 반드시 저작권자와 황금알 양측의 서면 동의
 를 받아야 합니다.
*잘못된 책은 바꾸어 드립니다.
*저자와 협의하여 인지를 붙이지 않습니다.
*이 도서의 국립중앙도서관 출판예정도서목록(CIP)은 서지정보유통지원시스템 홈페이지
 (http://seoji.nl.go.kr)와 국가자료종합목록 구축시스템(http://kolis-net.nl.go.kr)에서
 이용하실 수 있습니다. (CIP제어번호 : CIP2019045950)